Isidor Landau
Nordlandfahrt.
Die ersten Kreuzfahrten von Hamburg
nach Spitzbergen um 1894

SEVERUS Verlag

Landau, Isidor: Nordlandfahrt. Die ersten Kreuzfahrten von Hamburg nach Spitzbergen um 1894. 2020
Neuauflage der Ausgabe von 1895
ISBN: 978-3-96345-208-6

Korrektorat: Katharina Breu

Umschlaggestaltung: Annelie Lamers, SEVERUS Verlag
Umschlagmotiv: www.pixabay.com

Bibliografische Information der Deutschen Nationalbibliothek: Die Deutsche Nationalbibliothek verzeichnet diese Publikation in der Deutschen Nationalbibliografie; detaillierte bibliografische Daten sind im Internet über https://dnb.de abrufbar.

Der SEVERUS Verlag ist ein Imprint der Bedey & Thoms Media GmbH, Hermannstal 119k, 22119 Hamburg

SEVERUS Verlag, 2020
http://www.severus-verlag.de
Gedruckt in Deutschland
Der SEVERUS Verlag übernimmt keine juristische Verantwortung oder irgendeine Haftung für evtl. fehlerhafte Angaben und deren Folgen.

Isidor Landau

Nordlandfahrt
Die ersten Kreuzfahrten von Hamburg nach Spitzbergen um 1894

SEVERUS

.

Editorische Notiz:
Der Text der vorliegenden Edition beruht auf der Ausgabe:
Isidor Landau: Nordlandfahrt der Augusta Victoria. Hugo Steinitz Verlag, Berlin 1895. Die Orthographie wurde behutsam modernisiert, grammatikalische Eigenheiten bleiben gewahrt. Die Interpunktion folgt der Druckvorlage. Der Inhalt ist im historischen Kontext zu lesen.

Bilder entnommen aus: Björn Bedey (Hrsg.): Nordlandfahrten – Kreuzfahrt durch die Geschichte Nordeuropas. Ein historischer Bildband über die Hamburg-Amerika-Linie. Severus-Verlag, Hamburg 2019.

Inhalt

„Victoria Luise" bei Spitzbergen

Vorrede

Wer wäre nicht schon einmal in der Lage gewesen, jemanden vorstellen zu müssen, den er eben selbst erst persönlich kennen gelernt hat! Ähnlich geht es nun mir. Zum Führer durch Norwegen habe ich weder die Eignung noch die Neigung und ich will meinen Lesern nicht als Bädeker verkleidet nahen. Nicht gründliche Belehrung über Land und Leute vermag ich zu geben; die Eindrücke zu schildern, die Norwegen gerade auf mich gemacht, halte ich ebenfalls nicht für nötig, denn es könnte in unseren nüchternen Zeiten Leute geben, die sich für diese meine Stimmungen und Eindrücke gar nicht interessieren. Wofür ich aber bei allen, die für Reisen überhaupt und für Norwegen einiges Interesse haben, lebhafte Teilnahme voraussetzen darf, das ist die Schilderung der neuen, für den skandinavischen Norden zum ersten Male erprobten Art zu reisen. Unter gleich günstigen Bedingungen, so bequem, umgeben von so vielen Annehmlichkeiten und wohl auch bei gleich guter Gelegenheit zu reicher Ausbeute ist eine kurze Reise nach Norwegen vorher gewiss niemals gemacht worden. Von einer dreiwöchentlichen Fahrt hat noch selten ein Ausflügler eine so üppige Ernte an Eindrücken und Erinnerungen heimgebracht wie wir Passagiere der „Augusta-Victoria".

Wie die Extrafahrten der Hamburger Schnelldampfer eine neue Form der Orientreisen eingebürgert haben, so sehen wir nun eine neue Art der Nordfahrt sich entwickeln und zugleich die Reise der Zukunft, in erster Reihe natürlich die Luxusreise der Zukunft, zum System sich bilden. Diese reizvolle Form des Reisens wird aber auch insofern noch einen günstigen Einfluss üben und sich einen Ehrenplatz erwerben in der Verkehrsgeschichte, als sie mit dem Behagen, das sie gewährt, mit all ihren Annehmlichkeiten, die Empfindlichkeit gegen die Mängel der Eisenbahnen schärfen und so neue Anregung zur zeitgemäßen Reform ihrer Einrichtungen geben dürfte.

Ein äußerer Zwang ist es übrigens, der die unter dem unmittelbaren Eindruck des Tages für den Tag sorglos niedergeschriebenen Berichte hier in Buchform vereint. Sie waren in den Zeitungsausgaben längst vergriffen, als die heimgekehrten Reisegenossen nach Ihnen verlangten, auch denjenigen, die, mit Reiseplänen beschäftigt, in diesen Berichten Auskunft suchten, konnten sie nicht mehr geliefert werden. Ihrem Verlangen soll der Wiederabdruck dieser Briefe in Buchform genügen, die keineswegs geschrieben wurden, um dereinst einen Platz in den Bibliotheken zu beanspruchen. Einzelne Reiseanekdoten, die sie erzählen, haben einen weiten Flug durch die Zeitungsblätter genommen, die Erwähnung einer kleinen Episode aus Vossevangen hat den Stoff zu einem Liederspiel „Die ewige Braut" gegeben, das im Berliner „Adolph-Ernst-Theater" sein Publikum höchlich ergötzt; manches muntere Gesellschaftsbild, das da mit der Treue des Moment-Photographen festgehalten ist, kann ein bleibendes Interesse wahrlich nicht beanspruchen und hat allenfalls nur als Kennzeichen der Stimmung, die an Bord der „Augusta-Victoria" geherrscht, einen bescheidenen Wert. Dennoch seien diese Blätter hier kunstlos zu einem Strauße gebunden, ganz wie der flüchtige Augenblick sie geboren. Gemahnt er manchen Reisegefährten an frohe Stunden auf dem herrlichen Dampfer der Hamburger Packetfahrt-Gesellschaft, an unvergleichliche Naturgenüsse, weckt er in anderen das Verlangen, ebenfalls Norwegens Herrlichkeit zu schauen, so ist sein Zweck erfüllt.

Berlin, Weihnachten 1894.
I. Landau

„Victoria Luise"

I.

Und Sie glauben wirklich, dass eine Schilderung dieser ersten Nordlandfahrt der „Augusta-Victoria" eine mit Reisen und Reisebeschreibungen vertraute Leserschaft interessieren kann? Wohl gar eine, die das Reisen mit dem Hamburger Schnelldampfer kennt?

Die in erster Reihe! Wo andere Leser eben nur etwas über eine Nordkap-Fahrt und über interessante Begegnungen mit dem Kaiserdampfer „Hohenzollern" erfahren, von eigenartiger Natur und fremdartigem Leben sich erzählen lassen, da wird sie überdies noch die absonderliche Fahrt des Dampfers anziehen, den sie unter so völlig anderen Verhältnissen kennen. Auf den gewohnten Fahrten zwischen Hamburg und New York trägt er in nervöser Hast geschäftsbeladene, sorgengeplagte Leute – diesmal hat er eine Kolonie glücklicher, nur um ihr Vergnügen besorgter Menschen an Bord. Wo sonst im Zwischendeck so oft Hunderte und Aberhunderte beklagenswerter Lebens-Opfer seufzen, sind diesmal saubere – Ställe hergerichtet, in denen sieben brüllende Ochsen, einige Dutzend Kälber untergebracht sind und zweitausendfünfhundert Hühner den lebenden Proviant vervollständigen. Und neben der ungewohnten Schlächterei ist eine Absonderlichkeit seltsamerer Art untergebracht, eine Zeitungsdruckerei ...

Jawohl, eine Zeitungsdruckerei! Nun ich mich von meinem liebenswürdigen amerikanischen Kabinen-Nachbar bestimmen ließ, die letzten Zweifel aufzugeben und Ihnen von unserer Nordkap-Fahrt zu berichten, sei zunächst auf dieses kennzeichnende Merkmal der Besonderheit unserer Fahrt ausdrücklich hingewiesen. Mir Armen war es zugedacht den publizistischen Prolog zu schreiben, und da er vielleicht vom Wesen und der Stimmung unseres Ausflugs ein Bild gibt, sei er hier wiederholt.

„Unser Programm.

Den Spuren des deutschen Kaisers folgend, zieht die ‚Augusta-Victoria' der Mitternachtssonne entgegen. Ein schwimmendes Stückchen Vaterland, führt sie uns Europens Norden zu, um ein herrliches Fleckchen Deutschland an den Grenzen unseres Erdteiles aufzurichten – für kurze Zeit wenigstens. Innerhalb dieser kurzen Zeit aber wollen wir auf dem deutschen Boden, auf dem wir die norwegischen Fjords durchziehen, einen Musterstaat begründen. Eine Insel der Seligen soll dieser kleine Staat drei Wochen lang darstellen, ein in sich abgeschlossenes, allen modernen Kulturerrungenschaften in ihrer geschmackvollen Verfeinerung teilhaftiges, von einem zufriedenen, glücklichen Volk bewohntes Ländchen. Da gibt es nicht Parteihader und nicht Klassenkämpfe, die soziale Frage dringt nicht in dieses meerumbrauste Reich; von Steuern und Abgaben sind wir verschont, und, obwohl unser ‚Augusta-Victoria-Gebiet' der freiesten Verfassung sich erfreut, können wir doch eines versprechen: Zu Wahlkämpfen soll es während der zwanzig Tage unserer nordischen Reichsherrlichkeit nicht kommen.

Unser Staat wäre natürlich nicht vollkommen, wenn ihm ein Kulturmerkmal fehlte: Die Zeitung. Wie sollten sonst die großen Ereignisse unseres von etwa 600 Bürgern bewohnten Staates das weite Gebiet durcheilen, wie sollte sonst der große Austausch der Ideen bewirkt werden, wie sollen wir sonst auch beim Frühstück zu dem kleinen,

8

gefunden Ärger kommen, den so viele weniger entbehren können als die Freude?

Mitreisende, Landsleute, Volk von ‚Augusta-Victoria‘! Euch allen sei unser Blatt warm empfohlen und ans Herz gelegt! Zugleich Regierungsorgan und Oppositionsblatt wird es bestrebt sein, allen auf unserem schwimmenden Staate vertretenen Interessen zu dienen. Mit den fernsten Kabinen durch tüchtige Korrespondenten verbunden, mit guten Beziehungen zu der obersten Leitung unseres Staates versehen, wird die ‚Augusta-Victoria-Zeitung‘ in der Lage sein, sowohl über alle wichtigen Regierungsmaßnahmen wie über das vielgestaltige, gesellige Leben unseres wandernden Reiches, über Kunst und Familienereignisse, Verkehr und Sport so schnell wie eingehend zu berichten. Da sämtliche Reisegefährten, zur Mitarbeiterschaft hierdurch feierlichst eingeladen, ein großes Redaktionskollegium bilden, hat unsere ‚Augusta-Victoria-Zeitung‘ zugleich die Aussicht, eine merkwürdige Ausnahme innerhalb des Zeitungswesens zu bilden, und dasjenige Blatt darzustellen, mit dem sämtliche Leser immer und ausnahmslos einverstanden und zufrieden sind. Ein Sammelkasten für alle lustigen Einfälle, ein Kassenschrank, der alle hier zutage geförderten guten Ideen sicher bewahrt, soll unsere Zeitung der treue Berichterstatter über alle heiteren Erlebnisse der Fahrt und ein bleibend Angedenken für künftige Tage sein.

Und so möge denn die ‚Augusta-Victoria-Zeitung‘ nur fröhliche Botschaft zu künden haben von unserem wogenumrauschten Wanderstaate, auf den wir mit Lust und Stolz blicken. Können wir doch von ihm mit weit größerem Rechte als König Philipp von seinem Spanien sagen: ‚Die Sonne geht in meinem Staat nicht unter.‘“

* * *

Für uns Berliner hat die Nord-Fahrt der „Augusta-Victoria" noch einen anderen seltsamen Reiz. Norwegen ist uns erstaunlich nahe gerückt – ist eine Art Vorort von Berlin geworden.

Auf was alles machen wir uns gefasst, wenn wir eine Nordlandfahrt antreten! Auf düstere Bergriesen und stille Fjords, auf weite Schneegefilde und gewaltige Gletscher, auf sonnenhelle Nächte und auf schneidende Kälte in den Hundstagen. Wie sollte uns da noch das Wunder aller Wunder irgend überraschen können? Und dennoch kann ich mich seit gestern kaum erholen vor Erstaunen über eine Wahrnehmung, die auch Sie verblüffen wird, wenn ich sie Ihnen mitteile. Sie werden mir nicht glauben und unsere gute, alte Geographie gegen mich ins Feld führen, Fahrpläne, Reiseerfahrungen; ich kann Ihnen nur mit dem einfachen Bericht über die Erlebnisse des letzten Tages antworten.

Norwegen, so schön es sein mag, liegt doch „da oben" im Norden, meinen Sie, eine tüchtige Reise immerhin, nicht wahr? Nun, dieses Norwegen muss über Nacht hart an Berlin herangerückt sein. Jedenfalls kann man ins Innere der sächsischen Schweiz kaum viel schneller und sicherlich nicht bequemer dringen, als wir ins Innere Norwegens drangen. Am Dienstagvormittag frühstückten sehr viele Mitglieder unserer Nordkap-Expedition noch behaglich in Berlin, vierundzwanzig Stunden später ließen sie, bequem auf dem Deck der „Augusta-Victoria" Kaffee schlürfend, die Gletscher und Eisgefilde Norwegens an sich vorüberziehen. Und wie unmerklich sind ihnen diese vierundzwanzig Stunden dahingeschwunden! Hören Sie nur:

Am Dienstagvormittag entführte ein Extrazug eine Gesellschaft fröhlicher Nordkap-Pilger von Berlin nach Hamburg. In wenig Stunden lieferte sie der Harmonikazug an den Dampfer „Blankenese" ab, der sie der „Augusta-Victoria" draußen vor Cuxhaven – das gewaltige Meerschloss hatte beim Wasserstande zur Abfahrtszeit vor Hamburg nicht gut Platz – zuführte. Kaum hatte man sich nach Bekannten an Bord der „Blankenese" umgesehen, die elegant ausgestattete Passagierliste durchstudiert und bei den Klängen der Militärmusik gefrühstückt, da kam der Schnelldampfer in Sicht, der uns nun für drei Wochen beherbergen soll.

„Droben stehet die Kapelle", die uns mit einem vergnügten Marsch begrüßt. Wir stürmen aufs Schiff, um den schwimmenden Bau kennen zu lernen, von dem wir so viel gehört; auf Schritt und Tritt empfangen uns Überraschungen. Wir lassen uns führen, belehren, suchen unsere Kabinen auf, in denen wir uns heimisch machen sollen, und eh' wir uns noch umgekleidet, ruft eine Fanfare zu Tisch. Bald findet sich die Gesellschaft in den mit blendendem Glanze ausgestatteten, eine ganze Bildergalerie vereinigenden Speisesälen zusammen.

Die Tischordnung ist längst festgestellt, auf seiner Passage-Karte liest jeder Mitreisende bereits seinen Tischplatz. Man setzt sich nach einiger Verwunderung über die eigenartigen, praktischen Drehfauteuils; man macht sich flüchtig mit seiner nächsten Umgebung bekannt; man studiert die elegante, mit charakteristischen Nordlandbildern geschmückte, eben erst an Bord gedruckte Menukarte, und mit einem von der Seeluft gestärkten Appetit vertieft man sich in das üppige, geschmackvoll servierte Diner.

Ob man wohl in irgendeinem Berliner Restaurant ebenso gut speist?

Mag wohl sein, dass es auf besondere Bestellung gleich reichhaltig und gleich gut hergestellt werden könnte, sicher aber ist, dass man in Berlin an einem beliebigen Werkeltage weder Zeit noch Ruhe noch Appetit für ein solches Diner, noch die liebevolle Aufmerksamkeit für die prächtigen Weine hätte.

Zum Kaffee, der auf Deck serviert wird, setzt man uns eine besondere Überraschung vor: Helgoland taucht vor uns auf, und die roten Strahlen der Abendsonne vermählen sich mit dem Rot der Felseninsel zu einem herrlichen Farbenbunde – zu einem kurzen freilich, aber es soll ja heutzutage oft mal vorkommen, dass Vermählungen nur zu kurzen Bündnissen führen. Diese rote Nordlandinsel insbesondere ist ja das romantische Mutterland so mancher romantischen, mehr der Poesie als der Dauerhaftigkeit geweihten Ehe.

Die Sonne und wir scheiden von Helgoland. Es wird dunkel. Im Speisesaal harrt der Tee, im Rauchsaal wird fröhlich Bier gekneipt, im Lesesaal tauchen Skatgruppen auf – oder sollten es „Poker"-Gruppen sein? – Die Damen promenieren auf Deck oder machen sich's im linden Sommerabend auf den behaglichen Schiffsstühlen bequem, auf denen man sich wie auf Sofas ausstrecken kann; dann verschwindet einer nach dem anderen, um in den elektrisch beleuchteten Kabinen sein bequemes Lager aufzusuchen.

Sehr groß sind diese Kabinen ja nicht. Hier, wo die Behandlung des Raum-Problems zugleich zu einer Wissenschaft und einer Kunst entwickelt ist, kann natürlich von Platzvergeudung nicht die Rede sein. Aber alles für Gesundheit und Behagen Nötige, alles, was ein moderner Kulturmensch braucht, ist in wahrer Vollendung zur Stelle. Das Bett ist nicht gerade breit, wetteifert aber an Bequemlichkeit mit der Einrichtung der besten Hotels; Waschgerät, Badezimmer, alles ist auf der Höhe modernen Komforts.

* * *

Die erste Nacht auf dem Schiff wird prächtig verschlafen und verträumt, und da man am nächsten Morgen die Frühstückstafeln aufsuchen will, erblickt man die norwegische Küste. Noch eh' man gewahr geworden ist, dass man überhaupt reist, hat man das Ziel erreicht!

Übrigens – hatten wir es nicht bereits tags zuvor erreicht?

In seinem jüngsten Bühnenwerk, in dem Lustspiel „Der Riegnitzer Bote", zitiert Hugo Lubliner das Wort eines klugen und bedeutenden Menschen. Auf einem herrlichen Spaziergange gefragt, welchem Ziele er denn zustrebe, antwortet er: „Der Weg ist das Ziel." Dieses gute Wort, das etwas nach Berthold Auerbach schmeckt, passt ganz auf unseren Fall. Als wir die „Augusta-Victoria" erreicht hatten, da war die Reise, soweit sie mit irgendwelchen Mühen, Beschwerden, Unbequemlichkeiten verknüpft ist, zu Ende, und nunmehr ist der Weg das Ziel.

Wir sitzen im wohligsten Behagen, von allem modernen Luxus umgeben, an Bord der „Augusta-Victoria" und lassen Norwegen Revue passieren, nehmen eine Gletscher- und Wasserfall-Parade ab. Gelegentliche Ausflüge ins Land, für die jede Erleichterung vorgesehen ist und die von einem an Bord mitreisenden Vertreter des bekannten skandinavischen Reisebüros Beyer veranstaltet werden, bringen von Zeit zu Zeit reizvolle Abwechslung.

Darf ich Sie mit unserer Reise-Gesellschaft bekannt machen? Sie finden einige liebenswürdige Bekannte und nicht minder liebenswürdige Fremde. Da wird Ihnen zunächst Dr. Hans v. Hopfen begegnen – Ihnen ist er ja, wie allen Kollegen und wie dem großen deutschen Lesepublikum, einfach Hans Hopfen. Er bringt seine unverwüstliche Lebenslust und Frische mit an Bord, und so ist für Anregung und heiter geselliges Leben schon einigermaßen gesorgt. In fröhlichster Ferienlaune tummelt sich Eugen Zabel in der Gesellschaft.

Auch Direktor Franz Rosatzin, den Chef der „Hamburger Börsenhalle", kennen Sie. Wallsee, der muntere Wiener, der sich in Hamburg als Nachrichten-Feuilletonist so wohl fühlt, Benrath, ein prächtiger Kollege, Redakteur des „Correspondent" und der „Augusta-Victoria-Zeitung", ein jugendlicher oder doch jugendlich aussehender, aber doch jedenfalls durch tüchtige Arbeiten bereits bekannter Vertreter des „Hamburger Fremdenblatt", Herr Berges, endlich vervollständigen die literarische Gruppe, welche Direktor Ballin, der umsichtige Wirt, bei Tische in der Gesellschaft verteilt hat. Dieser literarischen Gruppe kann vielleicht noch Herr Regierungsrat Dr. Pieck aus Altona beigezählt werden, ein munterer Berliner, in schriftstellerischen Kreisen der Reichshauptstadt sehr gut bekannt, der sich übrigens mit der originellen Schilderung einer originellen Eilzugs-Ferienreise durch Amerika auch literarisch betätigt hat.

Ist somit für eine ausgiebige Schilderung unserer gemeinsamen Fahrt in Feuilletons und gelegentlich wohl gar in Romanen und Novellen gesorgt, so darf es auch als sicher gelten, dass wir ein Andenken von künstlerischem Werte von unserer Reise heimbringen werden. Junghändel, der Schöpfer des herrlichen Prachtwerkes „Ägypten", das im Kosmos-Verlage zu Berlin erschien und das mit seiner getreuen Schilderung der Natur der Altertümer wie des modernen Lebens im Nillande gebührende Würdigung fand, ist mit seinen Apparaten an Bord. Er fordert jede großartige Landschaft, jeden charakteristischen Fleck vor seine Maschine, und so ist zu erwarten, dass wir uns auf unserer Reise ein herrliches Stückchen Norwegen zu bleibendem Besitze einfangen werden. Diesen nach bestimmtem Plan und künstlerischen Grundsätzen arbeitenden Fachmann umflattert eine Armee von Amateur-Photographen – so nennt man doch wohl die große Freiwilligen-Garde der Sonnenmalerei. „Amateure", weil sie immer Liebhaber, aber nicht immer und überall beliebt sind. Die Indiskretion der photographischen Linse soll auch hier mancherlei aufgefangen und festgehalten haben, was weder für die Öffentlichkeit noch für die unwiderlegliche Zeugenbekundung durch das Photogramm bestimmt war. Zwischen dem Berufs-Photographen und dem Amateur steht ein fleißiger und geschickter Mann, der als Setzer unserer von O. Persiehl in Hamburg gestellten Druckerei die Reise macht. Felix Merseburger, so heißt dieser photographische Schilderer unserer Fahrt, hält jede Landschaft fest, lugt nach jeder charakteristischen Gruppe aus und will die Bilder-Ernte dann von Hamburg aus den Mitreisenden zum Kauf anbieten. Vor den offen und heimlich ausspähenden Apparaten all dieser Geschäfts-Photographen und besonders all dieser Liebhaber ist kein Plauderwinkel sicher.

Doch wozu sich noch lange bei Liebhabern aufhalten, wenn so unendlich reizvolle Gegenstände für Liebhaber zur Stelle sind. Amerika ist bei uns in Deutschland sonst nicht gerade durch die Schönheit und den Zauber seiner Bewohnerinnen berühmt. „Mit Unrecht", sagen die Kenner der neuen Welt und singen dem Reiz und dem Wesen der Amerikanerinnen ein begeistertes Loblied. Vielleicht bleiben dir liebenswürdigsten und angenehmsten Amerikanerinnen im Lande oder entziehen sich in der Fremde den neugierigen Blicken. Hier können sie natürlich nicht unerkannt und ungewürdigt bleiben. Wie Dresden, so hat die „Augusta-Victoria", die reisende Stadt, ein „amerikanisches Viertel". Zufällig stellt Amerika sogar wirklich ein Viertel der Gesellschaft. Von den zweihundertsiebzig Passagieren unseres Schiffes sind sechsundsechzig Amerikaner und Amerikanerinnen, die am letzten Sonnabend mit der „Augusta-Victoria" aus New York in Hamburg eintrafen, über Sonntag einen Studien-Ausflug nach Berlin machten und dann an Bord ihres Schiffes zurückkehrten, um die Nordlandfahrt zu machen.

Diese Gesellschaft, die, untereinander von drüben her bekannt, durch die hier fremde Sprache, Nationalität und Gewöhnung verbunden, am längsten auf dem Schiffe heimisch, eine eigene Gemeinde, einen Staat im Staate bildet, zählt einige der reizvollsten Mädchen-Erscheinungen zu den ihren. Die deutsche, zersplitterte Majorität stellt dagegen einige Frauen von bestrickendem Zauber der Erscheinung, von Sicherheit und Geschmack, zur großen Mischung unserer Gesellschaft. Hamburg ist natürlich von allen deutschen Städten am stärksten vertreten – ist doch der Hamburger hier auf seinem eigensten Staatsgebiet. Direktor Ballin macht auf einem eigenen Schiffe seine erste Fahrt nach dem skandinavischen Norden, und seine Gattin, eine Hamburgerin von vornehmer gesellschaftlicher Überlegenheit und dem gewinnendsten, heitersten Wesen, begleitet ihn. Hamburgs Patriziat und Großhandel liefern einige besonders gewichtige Namen. Berlin hat etwa dreißig Teilnehmer entsandt, darunter den Direktor der Reichsdruckerei, Geh. Oberregierungsrat Busse; einen durch Familienbeziehungen unsrer vornehmsten Gesellschaft angehörenden Konsul mit seiner jungen Frau, einige Industrielle, junge Herren aus reichem Hause, ferienwandernde Rechtsanwälte usw. Scharfäugiges und kritisches Berlinertum, weltbürgerliches Amerikanertum, Provinz und Großstadt mischen sich hier in Feriensorglosigkeit und Wanderlust höchst ergötzlich.

Die fröhlichen Ergebnisse dieser Mischung sollen in dem Briefe, der das Leben und Treiben an Bord schildert, ihre Darstellung finden. Für heute will ich nun dieses Leben und Treiben lieber genießen, als beschreiben. Sie werden das begreifen, wenn Sie es demnächst kennen lernen.

Bergen

Blick auf Molde

II.

Ein Intermezzo, wenn Sie gestatten! Warum soll eine Mode unserer neuen Oper sich nicht auch auf ihre Zweckmäßigkeit in der Reiseberichterstattung prüfen lassen? So will ich Ihnen denn eine stattliche Anzahl von himmelan strebenden Bergkuppen, von Gletschern und Wasserstürzen schuldig bleiben – darf ich den mir gewährten Kredit so stark in Anspruch nehmen? – so will ich Ihnen denn vorläufig eine Anzahl düsterer Höhen und freundlicher Täler, graue, verwitterte Dörfer mit Holzhütten und Holzkirchen unterschlagen – der bezügliche Paragraph des deutschen Strafgesetzbuchs hat hoffentlich keine Geltung in den norwegischen Fjords – um Ihnen dafür von den lebendigen Begegnungen der letzten Tage zu erzählen. Dieselben grauen Höhen ragen ja auch sonst empor, dieselben Gletscher und Schneefelder entsenden ja auch sonst zur Sommerszeit ihre Wassermassen in Luftsprüngen von tausend Fuß und darüber als Wasserstaubwolken bald, und bald als weiße Schleier, als glitzernde Bänder oder Schaummassen hernieder in die Tiefe, aber nicht immer trifft man zufällig Kaiser und Kaiserin gerade an der Ecke eines Fjords. Nicht immer wechselt man gerade vor Bergen Gruß und Händedruck mit dem Intendanten des Wiesbadener Hoftheaters Herrn von Hülsen, mit Paul Lindau, mit Freunden aus Berlin oder Dresden.

19

In Bergen begegnen wir der „Hohenzollern", hatte uns schon am Donnerstag Kapitän Kaempff gesagt, der Führer der „Augusta-Victoria", eine prächtige Seemannserscheinung, freundlich zugleich und doch auch von behaglicher, imponierender Sicherheit, von vertrauenerweckender Kommandanten-Ruhe. Sie kennen ja den Namen. Es ist derselbe Kapitän Kaempff, der den „Gellert" und seine Passagiere durch so dringende Gefahren in Sicherheit gebracht, der das im Lagerraum brennende Schiff so geschickt zum Ziele geführt hat, dass die Passagiere von dem Feuer und der ungeheuren, genial geleiteten, alle Kräfte anspannenden Lösch-Kampagne kaum etwas gemerkt haben. Wenn der noch junge Seemann heute schon die „Augusta-Victoria" unter seinem Kommando sieht, eines der größten und stolzesten Schiffe auf unseren Meeren, so hat er es wesentlich jenem tüchtigen nautischen Heldenstücke zu danken, das sich würdig mancher alten Ruhmestat anreiht und zugleich alle Eigenschaften erkennen lässt, die den echten Seemann zieren. „Wir werden morgen in Bergen die ‚Hohenzollern' mit Kaiser und Kaiserin an Bord treffen", sagte Kapitän Kaempff, „aber leider", so fügte er hinzu, „wird von dem Austausch der üblichen Begrüßungen bei der Einfahrt in den Hafen kaum viel die Rede sein können. Wir kommen nämlich wahrscheinlich vor sieben Uhr nach Bergen, und da ist an Salutschüsse und besondere Flaggen-Exerzitien nicht zu denken." Zwischen sieben und acht Uhr rückte denn auch unser Doppelschrauben-Dampfer in majestätischer Großartigkeit und Ruhe im Hafen von Bergen ein. Langsam, ganz langsam glitt er an der „Hohenzollern" vorüber, auf deren Deck der Kaiser, das Fernglas vor den Augen, dem Einzug des prächtigen Landsmanns mit dem halben Tausend Deutscher an Bord zusah. Nur wenige der Passagiere waren bereits wach und auf Deck.

Bald aber wurde es lebendig in dem großen schwimmenden Hause, „Wir sind in Bergen", „Wir sind in Bergen", „Wir stehen vor der Hohenzollern", riefen die dienstbeflissenen Stewards zu den Kabinentüren herein, und eh' noch die üblichen Fanfaren um acht Uhr die ersten Rufe zum Frühstück fröhlich in alle vier Himmelsrichtungen erklingen ließen, waren die meisten Bürger der „Augusta-Victoria" auf Deck, um nach der blinkend weißen Kaiser-Yacht auszuschauen, diesem herrlichen Schwan, der unseren Kaiser durch die Meere führt, und um nach dem von Nebelschleiern eingehüllten Bergen hinüberzuspähen.

Hohenzollernwetter des Nordens! Kaiserwetter in der skandinavischen Hansastadt!

Gutes und schönes Wetter ist eben nicht für jeden Stand und nicht für jedes Interesse dasselbe. Das Wetter, das der Spaziergänger preist, sagt oft den Bauern nicht zu. Der Regen, der dem Landmann Segen bringt, gereicht dem Gastwirt draußen zum Schaden, und was den Hotelbesitzer an den Ausflugspunkten reich macht, das macht den Theater-Direktor in der Großstadt arm. Bergen, sonst der Regenwinkel Norwegens, das skandinavische Salzburg, mit seinen etwa 1 900 mm Regenmenge dreimal so regenreich als das auch nicht eben trockene Christiania, hatte in diesem Jahre über Dürre zu klagen. Das ist für den Norden, in dem die Feldfrucht zum Blühen und Reifen weniger Zeit hat als bei uns, ein arges Übel. Warten wir, bis der deutsche Kaiser kommt, trösteten die kundigen Thebaner, der wird uns das Wetter, das wir brauchen und das für uns das rechte Kaiserwetter ist, schon mitbringen. Und Kaiser Wilhelm brachte es wirklich als Geschenk mit. Er schickte es sogar voraus. Als willkommene Vorboten zogen Wolken vor der „Hohenzollern" her und sandten ihren feuchten Segen auf die durstigen Fluren von Bergen nieder, die trotz nordischer Höhe so freigebig sind und dem Lande an Feldfrüchten und Obst, an Gemüsen und Walderzeugnissen in kürzerer Sommerfrist alles schenken, was unser milderer deutscher Himmelsstrich uns bietet. Doppelt freudig begrüßte das herrlich an den Sogne-Fjord gelehnte, das Wasser, das seine Schönheit und seinen Reichtum bildet, gleichsam umarmende Städtchen den deutschen Fürsten, der seit Jahren sein willkommener Gast ist. War doch Bergen dereinst, zu den Zeiten der Hansagröße, eine halb deutsche Stadt. In deutschen Händen ruhte der Handel, und was man damals als Monopol scheel angesehen, ist dann zum Erbteil der Norweger geworden, in all' der Blüte, zu der deutscher Fleiß und deutsche Fürsorge es entwickelt hat. Und was hat Bergen, der Fischbehälter der zivilisierten Welt, nicht alles dem deutschen Kaiser zu danken! Wenn seit sechs Jahren der Fremdenverkehr hier sich vervielfacht, wenn der Zuzug, insbesondere aus Deutschland, sich so sehr gesteigert hat und nun gar die „Augusta-Victoria", das größte und schönste Passagierschiff, das diese Fjords je gesehen, hunderte von Gästen bringt, so ist das gewiss zum guten Teil dem regelmäßig wiederholten Beispiel des deutschen Kaisers zu danken. Auch die Schilderungen und bildlichen Darstellungen, welche Kaiser Wilhelms Nordlandfahrt en so vielfach fanden, haben die Reiselust kräftig dem skandinavischen Norden zugelenkt.

* * *

Ein Teil unserer Reisegesellschaft hat inzwischen auf der „Hansa", dem hübschen Dampfer, der unsere „Augusta-Victoria" auf der ganzen Fahrt begleitet, um die Passagiere landeinwärts zu tragen, wenn der Tiefgang des großen Doppelschrauben-Schnelldampfers eine Annäherung an das Land nicht gestattet, den Weg nach dem Bahnhof von Bergen zurückgelegt. Etwa 70 oder 80 Mitglieder unserer Gesellschaft machen eine Fahrt tief ins Innere des Landes hinein. Eh' wir, der zweite, größere Teil der Reisegesellschaft, ihnen auf dieser Fahrt folgen, haben wir noch Zeit, uns in Bergen umzusehen. Indes die kleine Kolonie von Liebhaber-Photographen hartnäckig, nicht abgeschreckt durch Regen und Nebel, ihre Maschinen nach dem Kaiserschiff richtet und der widerstrebenden, neckenden Versteckens spielenden Sonne hofft noch Bilder abzuringen, herrscht doch ein reger Verkehr zwischen Dampfer und Land. Die beiden Petroleum-Barkassen, die wir an Bord führen, – was doch alles zur Ausrüstung solch einer Vergnügungsfahrt gehört! – sind herabgelassen, in Betrieb gesetzt und nun unterhalten sie den lebhaftesten Verkehr zwischen der „Augusta-Victoria" und der Landungsbrücke. Wer irgend in die Stadt will, die der weichende Nebel bald klarer hervortreten lässt, der findet seine wohlkutschierte Wasser-Equipage zu freiem Gebrauche vor und bestellt sie für eine beliebige Zeit wieder an die Brücke, wo sie ihn abholen soll.

Inzwischen trug die eine der Barkassen unseren ersten Schiffsoffizier auf die „Hohenzollern" hinüber, wohin er Bericht über die Fahrt der „Augusta-Victoria" und die elegant ausgestattete Passagierliste brachte. Einer unserer Mitpassagiere, der General-Intendant des Karlsruher Hoftheaters, Herr Dr. Bürklin, den der Kaiser auch als Reichstagsabgeordneten schon lange kennt, erhielt denn auch gleich für ein Uhr die Einladung zum Frühstück auf dem Kaiserschiff, auf dem er die freundlichste Aufnahme fand und drei Stunden etwa blieb. Auch die Spitzen der Stadtbehörden von Bergen waren auf das Kaiserschiff geladen. Inzwischen erschienen einige der „Hohenzollern"-Offiziere und einige Herren aus der Begleitung des Kaisers an Bord der „Augusta-Victoria", u.a. der kaiserliche Leibarzt Dr. Leuthold, Geh. Rat Kiderlen-Wächter. Plötzlich tauchte auch Paul Lindau auf, fröhlich von einer Anzahl alter Freunde begrüßt, und wir hielten ihn gleich zum Frühstück fest. Mit einem Dresdner Freunde durchbummelt er auf einer englischen Yacht, der „Maid of honour" die norwegischen Fjords. Als er mit der „Hansa", welche eine weitere Partie Passagiere zum Ausflug nach dem Bahnhof befördert, in die Stadt zurückfährt, ladet ihn Direktor Ballin ein, mit seinen drei Reisegefährten auf die „Augusta-Victoria" zum Diner zu kommen. Dieselbe Einladung, gleich kordial gemacht und gleich unbefangen und fröhlich angenommen, ergeht auch an einige Offiziere des Kaiserschiffs – das ist eben das frische, freie, zwanglose Leben auf See und den großen Dampfern.

Am Nachmittag kommt auch, gleichzeitig mit dem heimkehrenden Intendanten Dr. Bürklin, Herr von Hülsen zu Besuch, der junge Leiter des Wiesbadener Hoftheaters, dem die Lorbeeren seines ersten Direktionsjahres vortrefflich zu bekommen scheinen, so vortrefflich, dass wir ihn im ersten Augenblick mit seinem sonst viel kräftiger aussehenden älteren Bruder, dem Flügeladjutanten des Kaisers, Obersten Grafen Häseler-Hülsen verwechselten. „Das passiert uns alle Tage", tröstete Herr Intendant v. Hülsen, und in der Tat geschah es noch am gleichen Tage von anderer Seite zum zweiten Male.

Den Besuch des Kaisers hatte man sich auf der „Augusta-Victoria" wohl erhofft und hie und da auch versprochen, als man hörte, man würde einen Tag nachbarlich neben der „Hohenzollern" verbringen. In dieser Hoffnung hatten sogar viele unserer Amerikaner, die eben Berlin verlassen mussten, ohne den Kaiser gesehen zu haben, auf den Ausflug ins Land hinein verzichtet. Die Führer unserer „Augusta-Victoria" hatten auf solch' einen Besuch von Anfang an nicht gerechnet, weil der Kaiser das Schiff, das den Namen seiner Gattin trägt, schon wiederholt besucht hat, er versprach ihm sogar statt des jetzt angebrachten Porträts der kaiserlichen Schutzpatronin ein besseres –, ferner weil man in Bergen einige englische Kriegsschiffe vermutete und also annahm, der Kaiser würde nicht wohl ein fremdes Schiff aufsuchen können, ohne dann eine beschwerliche Besuchs-Runde bei allen zu unternehmen. Die englischen Schiffe, die in der Tat vor Bergen lagen, hatten es indes vorgezogen, am Tage vor der Ankunft der „Hohenzollern" still und rücksichtsvoll abzudampfen, um dem Kaiserschiffe nicht lästigen Grußaustausch und Etiketten-Angelegenheiten zuzumuten. Zuversichtlicher hoffte man an Bord der „Augusta-Victoria", die Kaiserin würde das Schiff besuchen, dessen Patin sie ist. Jedenfalls machte unser Dampfer Fest-Toilette, die Büste der Kaiserin im großen Speisesalon wurde reich mit Blumen geschmückt, die Amerikanerinnen standen in feierlicher Erwartung da, indes – die Kaiserin kam nicht. Der Besuch der Stadt Bergen, Einkäufe, die Besuche, die an Bord der „Hohenzollern" zu empfangen waren, mochten ihre Zeit ganz in Anspruch nehmen. Denn dass die Kaiserin das allerdings zu Zeiten etwas beschwerliche Besteigen der Barkassen vom Dampfer aus, das unbequeme Umsteigen auf den Dampfern scheut – wie uns gesagt wurde – kommt uns kaum recht glaubhaft vor. Stieg doch die Kaiserin den steinigen Weg zum Buarbrae so tapfer empor, von dem ich noch erzählen werde, legte die Kaiserin doch den Weg von Gudvangen nach Stahlheim zu Fuß zurück – eine große und beschwerliche Partie. Die Schiffs-Offiziere erzählten, sie hätten ordentlich Mühe gehabt, im flotten Marschtempo der kaiserlichen Frau zu bleiben.

Kam es auch zu einem Besuche nicht, so fand doch ein Austausch von Aufmerksamkeiten, von Begrüßungen bis zu Ende statt, und der Kaiser ließ es an Kundgebungen freundlicher Anteilnahme für das Leben an Bord der „Augusta-Victoria" nicht fehlen. Unsere „Augusta-Victoria-Zeitung" ergötzte den Kaiser höchlich und besonders schien ihn ein Scherz zu amüsieren, der von einem angeblich verloren gegangenen Hans Hopfen'schen Roman-Manuskript „Das Mädchen von Odde" handelte. Der Kaiser ließ sich eingehend über Gesellschaft und Stimmung auf der „Augusta-Victoria" berichten; die Kaiserin frug mit Interesse nach der Verpflegung, während bei uns Anekdoten über das harmlos frohe, zwanglose Leben auf dem Kaiserschiff erzählt wurden. Glänzend und feierlich gestaltete sich aber am Abend der Abschied der „Augusta-Victoria", die nach Gudvangen weiterdampfte, um da die über Vossevangen und Stahlheim hin dirigierten Ausflügler wieder aufzunehmen. Diesen abwesenden Reisegefährten, die am nächsten Tage erst wieder an Bord kamen, verkündete ein von unserer Schiffdruckerei schnell fertiggestelltes Rundschreiben, ein „Extrablatt" der „Augusta-Victoria-Zeitung" über „die Abreise von Bergen":

„Als am 13. Juli um 8 Uhr abends die ‚Augusta-Victoria' den Anker gelichtet hatte, um aus dem Fjord zu gehen, begaben sich die an Bord befindlichen Passagiere sämtlich auf die Steuerbordseite des Promenadendecks, um dem Kaiserpaare auf der ‚Hohenzollern' mit kräftigem ‚Hipp, Hipp, Hurra' einen Abschiedsgruß zu widmen. Während das Schiff wendete, zeigte sich auf der ‚Hohenzollern' lebhafte Bewegung. Die Mannschaften und die Musik treten an, die Offiziere begeben sich auf ihre Plätze und auch auf dem Promenadendeck erschienen mehrere Damen und Herren des Gefolges.

Die Kapelle der ‚Augusta-Victoria‘ spielte die Nationalhymne ‚Heil Dir im Siegerkranz‘, und während das Schiff
langsam an der ‚Hohenzollern‘ vorbeiglitt, stieg dort der
Signalwimpel und gleich darauf das Flaggensignal ‚Wir
wünschen gute Reise‘ empor.

Das dreifache kräftige Hurra der Passagiere wurde auf
Befehl des Kaisers durch die Mannschaften an Bord der
‚Hohenzollern‘ erwidert; die Musik fiel ein und die Majes-
täten grüßten und winkten auf das freundlichste. Auch der
dreimalige Flaggensalut der ‚Augusta-Victoria‘ wurde an
Bord der ‚Hohenzollern‘ erwidert. In dankbarer Verehrung
brachten die Passagiere ein neues dreifaches Hurra, worauf
in rascher Fahrt der ‚Augusta-Victoria‘ die ‚Hohenzollern‘
bald aus Sicht kam.

Soviel bekannt wurde, dürfte die ‚Hohenzollern‘ wie-
derum in Trondheim von der ‚Augusta-Victoria‘ erreicht
werden.“

Einige der Telegramme, die dasselbe „Extrablatt“
brachte, waren übrigens von den auf der „Hohenzollern“
eingegangenen Depeschen der „Augusta-Victoria“ freund-
nachbarlich und in landsmannschaftlichem Entgegen-
kommen überlassen worden. Die Anwesenheit des Kaisers
gab nämlich dem Bergener Telegraphenamt recht viel zu
schaffen – das übrigens gleich dem schönen und vortrefflich organisieren Postamt Damen beschäftigt, die sich ganz
vortrefflich bewähren. Doch halt – da ertappe ich mich bei
dem Versuch, von den Menschen und sozialen Verhältnissen des Landes zu sprechen. Die Berge und Seen haben den
Vortritt. Das norwegische Felsgestein, das älteste Stückchen Welt, ehrwürdiger Zeuge der Primär-Formation, darf
vor den wechselnden, kleinen Menschen-Generationen
das Alters-Vorrecht in Anspruch nehmen. Die Gletscher
haben das Wort!

Naes

III.

Aufwärts, aufwärts dem Gletscher zu!

Der Regen fällt in dichten, dicken Tropfen, die Steine sind glatt und weichen, rutschen unter unseren Füßen. Immer und immer aufs Neue gilt es, kleine Gießbäche zu durchqueren, die sich von den Höhen herab über unseren Weg hin zu Tale stürzen. Erhitzt vom tüchtigen Marsch ziehen wir im Regen und in der schneidig kühlen Gletscherluft unseren schmalen Pfad hinan über scharfes, spitzes Steingeröll. Gütig, wie Sie sind, haben Sie nun gewiss für die armen Gletscherpilger Ihr wärmstes Mitleid zur Hand. Verschwenden Sie es nicht. Heben Sie es für Würdigere auf. Wir dünken uns eher Ihres Neides wert.

In der mildesten Abendruhe, die inmitten dieser dunklen, ernsten Bergriesen etwas Feierliches hat, zog unser Schiff am Mittwochabend den stillen Hardangerfjord entlang in Odde ein. Von schneebedeckten Höhen umkränzt, den tiefgrünen, blinkenden Fjord zu seinen Füßen, liegt das kleine Örtchen in einer Art seliger Weltvergessenheit da. Kaum viel mehr als zwei oder drittehalb Dutzend graue Holzhäuser, – einige freundlichere, ziegelrote gewähren eine erfrischende Abwechslung – bilden die „Stadt", und eine schwarze Tafel über der ersten grauen Hütte am kleinen Landungsbrückchen verkündet der staunenden Welt, dass hier „Odde" liegt. Bei unserer Ankunft fanden wir einen etwas schwerfälligen, englischen Vergnügungsdampfer, der sich breit vor den Ort hingelagert hatte und dessen Passagiere mit nicht geringem Neide auf das prächtige Fahrzeug blicken mochten, das eben die deutschen Gäste hereinführte. Die Flaggen stiegen hoch empor, Böllerschüsse vom Ufer fanden auf unserem Schiffe kräftige Antwort, das ist der Gruß, der hier zwischen Land und Dampfer ausgetauscht zu werden pflegt. Vom kleinen Orte wie vom englischen Steamer her lösen sich winzige Ruderboote, wimmeln durcheinander, bald zu Haufen sich formierend, bald weit auf der Wasserfläche sich auflösend, streben sie unserem Schnelldampfer zu, den sie in kurzer Zeit erreichen und umschwärmen, wie muntere Mücken den Elefanten.

Einige Mitglieder unserer Reisegesellschaft suchen ungeduldig am Abend noch das erste norwegische Örtchen auf, vor dem wir harren und in dem ihnen ein kundiger Führer fröhliches Leben versprach. Wir harren lieber mit der großen Gesellschaft an Bord aus und finden uns durch einen lichten, herrlichen Nordlandabend und das lustigste Leben auf dem Schiffe belohnt. Sogar zu einem improvisierten Ball versteigen wir uns an Bord der „Augusta-Victoria". Obwohl die dunklen, weißhäuptigen Bergriesen schon oft von lustigen Walzern widerhallten und stumm zusehen mussten, wie zu ihren Füßen fröhliche Menschen durcheinanderhüpften? Wir unsererseits haben uns an den merkwürdigen Anblick eines fröhlichen deutschen Tanzvergnügens über dunklem Fjord, unter hochragenden Gletschern und zwischen schäumenden Wasserfällen in den wenigen Tagen unserer fröhlichen Reise bereits gewöhnt.

Am nächsten Morgen weckt uns die gewohnte, zu den vielen und nur allzu üppigen Mahlzeiten rufende Trompeten-Fanfare schon recht früh. Die Barkassen führen uns nach dem kleinen Odde mit seinen wenigen Häusern und vielen Hotels, seinen wenigen Einwohnern und vielen Engländern hinüber. An der Landungsbrücke harren unserer in dichtem Gewimmel ungezählte jeder kleinen, zweirädrigen Wagen, die für Norwegen charakteristisch sind. Der erhöhte, bequeme Sitz für die Passagiere ist an der Stelle angebracht, die sonst der Bock einnimmt, der Kutscher hockt wie auf den englischen Cabs hinter den Fahrgästen. Kleinere Wagen für je einen Passagier, Karriols, haben die Form von Löffeln, wohl auch die Form zierlich geschwungener Schuhe oder Pantöffelchen.

Zum Lotefos, einem gewaltigen Wasserfall, fahren die einen, andere wählen die beschwerlichere Partie nach dem Buarbrae-Gletscher. Vorläufig ist unsere Straße, an einem schäumenden, sausenden, zwischen gewaltigen Steinen immer wieder zu Staubwolken und weißem Gischt sich schlagenden Wassersturz vorüber, dieselbe. An einem tiefblauen See trennen sich unsere Wege. Wir Gletscherforscher besteigen hier den kleinen Dampfer „Buar". Er bringt uns an den Fuß des Buarberges, auf dessen mächtigem Haupt der Gletscher wie eine tief herabgezogene, ungeheure, bläulich schimmernde Eismütze sitzt.

Das ist der Gletscher? Und den zu erreichen, dass soll irgend schwer sein? Da liegt er ja gerade vor uns, gleich um die nächste Ecke! Und fröhlich schreiten wir fürbass, in zufällig sich bildenden und immer sich verändernden Trupps, von einigen Mäntel und Tücher nachtragenden Leuten begleitet. Unten kommen wir noch an einzelnen Hütten vorbei, an einigen stumpf ihrer Feldarbeit obliegenden Leuten, die auf die vorübertollenden, mützigen Fremden kaum achten. An einem tosenden Wasserfall entlang schlängelt sich unser Weg empor, und zum ersten Male begegnen uns hier die primitiven Drahtbahnen , welche die erfinderisch machende Not hier gewiss lange vor Einführung der Eisenbahnen, Gebirgsbahnen, Drahtseilbahnen einbürgerte. Das

Heu, das der norwegische Bauer hoch oben in den Bergen eingeheimst, das Kleinholz, das et hier gesammelt, wird oben in Bündeln auf diese Drähte geschlungen, die sie über Felsungeheuer und Schluchten, über Wasserfälle und Klüfte hinweg sicher vor die Hütten der Eigner führen. Über Geröll und spitzes Gestein führt unser Weg weiter aufwärts, und die romantisch angelegten Damen geben es auf, am Wegesrande Feldblumen zu suchen, Fingerhut und wilde Stiefmütterchen. Ein dünner Regen fällt. Er wird stärker und die Wasserrinnen, über die wir hinwegschreiten müssen, werden immer häufiger und tiefer. – Platsch – stolpert eine junge Amerikanerin mit dem einen Fuße tief, tief ins kalte Gletscherwasser hinein. Ein Deutscher aus Antwerpen, der zu unserer Gesellschaft gehört, und ein junger, sehr gut deutsch sprechender Pariser machen es nun zu ihrer Ritterpflicht, an den Rinnen zu halten und den Damen über diese tückischen, wasserüberspülten Steine hinwegzuhelfen.

O, dieser Gletscher! Wie ein lockendes, neckendes Irrlicht zeigt er sich uns an jeder neuen Wendung so erstaunlich nahe, um uns dann wieder zu entrücken, erstaunlich weit. Vorwärts, aufwärts keucht dampfend die erhitzte Karawane. Da, von Weitem zeigt sich endlich – zwar nicht der Gletscher-Rand, aber doch ein Wirtshaus. Noch an etlichen Wasserrinnen vorbei, dann über eine schmale Brücke kommen wir an ein Gehöft, das eine sehr primitive Aufschrift als „Wirtshaus" kennzeichnet. Es ist nicht leicht, unter den drei, vier armseligen, mit Stroh gedeckten Holzhütten das „Wirtshaus" zu entdecken. Endlich wird es ausfindig gemacht, und wir klimmen empor. Eine große, viereckige Stube bildet das Gastzimmer. Ein Tisch, ein einfaches Sofa, einige Stühle Und Bänke – das ist die ganze Einrichtung, aber blitzblank und sauber ist alles umher. Blitzblank ist auch die hochaufgeschossene Kellnerin oder ist's das Wirtstöchterlein? – im nationalen roten Mieder, blitzblank, aber nicht „sauber". Wo nur die hübschen Norwegerinnen sich verstecken? Bisher wollen sie sich nicht zeigen, die blonden Walkürengestalten des nordischen Reckengeschlechts. Die Frauen sind meist schmächtig, die Gesichter wohl frisch und rosig, aber doch nicht sonderlich anziehend. Indes – noch liegt ja des Landes größter Teil vor uns. Die Gaststube füllt sich mit deutschen Gästen, die in einem unmöglichen Bädeker-Norwegisch und in der verständlicheren internationalen Gebärdensprache mit dem skandinavischen Ganymädchen sich zu verständigen suchen. Es bringt Bier, Milch, Tee – alles ist gleich appetitlich, gleich gut und ziemlich billig. In einer Nebenstube sind norwegische Gürtel, Schürzen, Stickereien ausgestellt, und auch da entwickelt sich ein lebhafter Handel. Die Damen lassen es sich nicht nehmen, Küche und Kammern zu inspizieren, und sind voll Bewunderung für die Zweckmäßigkeit und Sauberkeit der Einrichtung.

Die Beharrlichsten unter uns streben nach kurzer Rast weiter dem Gletscher entgegen, dessen Eiswand sie auch nach einiger Anstrengung erreichen. Die verheißene blaue Grotte freilich können wir nicht entdecken – am Ende liegt sie in Adelsberg? – aber eine wertvolle Erfahrung nehmen wir als schönen Lohn mit heim, und das ist die Erkenntnis, dass der Gletscher von unten am schönsten aussieht …

Der Heimweg entschädigt uns für die Mühen des Aufstiegs reichlich. Der Regen hat aufgehört, die Nebel haben sich verzogen. Frischer und fröhlicher scheint die ewige Melodie des Wassersturzes zu klingen, die uns auf unserem Wege begleitet, kristallklar ist die Luft, die von den Schneebergen herniederweht, und dieses lachende Grün der Abhänge, dieses Leuchten und Strahlen der Landschaft, die vorhin eben Toilette machte für die deutschen Gäste! Wir kamen wohl etwas zu früh und trafen sie gerade beim

Waschen. Wie Schönheitsfältchen leuchten die winzig kleinen, aber außerordentlich aromatischen Erdbeeren, die hier so zahlreich vorkommen, Erdbeeren so dicht am Gletscher! Die Schlussnummer unseres gewöhnlichen Menus: Erdbeer mit Eis, oder wenn Sie mit Schiller das Schmelzwasser als „die Milch der Gletscher" gelten lassen wollen, das Nationalgericht: „Jordbeer og floede". Der scheinbare Gegensatz zwischen Sommer und Winter, Blüte und Gletscher ist hier die Harmonie des Naturgesetzes, denn nicht der Winter, nur die brütende Julisonne bildet Gletscher, indem sie den Schnee der Berge schmilzt, der sich nun in Eis verwandelt. Neben einigen Spaziergängern begegnen uns auf den schmalen, steinigen Wegen grasende Kühe, die uns ausweichen, indem sie leicht und geschickt die steile Bergwand emporklettern wie die Gämsen.

Lang kann ja der Weg nicht mehr sein. Da ist er doch unmittelbar vor uns, der tiefgrüne See, an dessen Rande der kleine Dampfer auf uns wartet. Aber je näher er uns erscheint, desto weiter scheint er uns immer wieder zu entrücken – dasselbe Neckspiel wie vorhin mit dem Gletscher, den wir auch jetzt wieder bei jedem Zurückwenden so lockend nahe vor uns sehen. Und die Steine werden immer spitzer, immer lockerer, die Wasserrinnen immer häufiger … fürwahr, ein ganz tapferes Stückchen, das da unsere Kaiserin mit dem Aufstieg zum Buarbrae zu Stande brachte.

Endlich sind wir unten. Einige Nordland-Dorf-Babys halten Blümchen feil und schmeicheln den Fremden einige kleine Silberstücke ab. Jetzt haben wir auch die bescheidene Landungsbrücke erreicht. Der Dampfer freilich liegt drüben. Ein Junge gibt ihm durch das Wehen mit einer weißen Fahne das Zeichen zur Wiederkehr. Dem deutschen Forschergeist, dem nichts entgeht, ist es inzwischen geglückt, in einer der Hütten vor dem See einige Flaschen

„Oel" – Sie wissen, dass „Oel" auf Norwegisch „Bier" heißt – zu entdecken.

„Kennen Sie Ibsen?", fragt der lustige Kneipkumpan den jungen Burschen, der ihm das Bier einschenkt. Der sieht ihn verdutzt und blöde an.

„Kennen Sie Björnson?"

Der junge Bursche drückt durch Zeichen aus, dass er dergleichen weder zu essen noch zu trinken vorsetzen könne.

„Tut nichts", tröstet der Berliner, „es ist auch kein Genussmittel." O, dieser deutsche Barbar!

Der Dampfer ist indes herangekommen. In etwa einer Viertelstunde bringt er uns zu den kleinen „Stolkjärre", den „Karriols" und Landauern, die da blieben, wo wir sie verlassen hatten. Eine wunderliche Erscheinung, dieser ruhige, spiegelglatte, tiefgrüne See, dessen flaches Wellengekräusel da in der Sonne glitzert. Aus tosenden Wasserstürzen hat er sich gesammelt und in wenig Minuten wird er selbst zum ungeheuren Wasserfall, der über Felsenriesen und Abgründe hinweg zum Fjord hinabrast. Aus Wasserstaub stammt er und zu Wasserstaub soll er werden, zwischendurch aber führt er ein kurzes Dasein als solider, behäbiger, stolzer See – das ist das Leben.

An der kleinen Landungsbrücke treffen wir mit demjenigen Teil der Gesellschaft zusammen, der die bequemere und wohl auch lohnendere Fahrt nach dem Lotefos, dem ungeheuren Wasserfall, gemacht hat, welcher seine gewaltigen Wassermengen an die tausend Fuß und darüber frei in der Luft hinunterschüttet mit solcher Kraft, dass die auf den Felsvorsprüngen aufschlagenden Fluten wieder turmhoch emporschnellen, eine natürliche Riesen-Fontäne.

Die Tapfersten unter uns widmen den Nachmittag ebenfalls einer Fahrt zum Lotefos, nachdem der Vormittag dem blau schimmernden Eisgebirge gehört hatte, und diese Unermüdlichkeit findet ihren reichsten Lohn. Denn Gletscher und Wasserfall gehören zusammen wie Licht und Schatten, wie Ursache und Wirkung. Der eine ist das Werk des anderen und beide zusammen beeinflussen Bildung sowie Wesen des Fjords. Gletscher, Wassersturz und Fjord – „dreieinig sind sie, nicht zu trennen".

Wie sie gegenseitig aufeinander wirken, wie die Gletscher keilartig ungeheuere Felsen sprengen, wie sie im langsamen, aber stetigen Vordringen nach dem Meere Steinkolosse vor sich her wälzen, das ist ein besonders fesselndes Kapitel im interessantesten Roman, den die Welt besitzt, in jenem Roman, an dem nichts Erfindung, alles Beobachtung und bewiesene Wirklichkeit ist, in jenem Roman, an dem die Fachgelehrten aller Länder seit Jahrhunderten arbeiten, und der von Jahrhundert zu Jahrhundert in immer neuen Fortsetzungen erscheint, in der G e o l o g i e und G e o g n o s i e , d e m R o m a n u n s e r e r E r d e.

Das Ideal-Hotel

Ein satirisches Zwischenspiel

Da glaubten wir alle norwegischen Dichter zu kennen und finden nur mit nicht geringer Überraschung in Gudvangen einen von einer Besonderheit, die wir hier nicht erwarteten – einen S a t i r i k e r. Das Viking-Hotel zu Gudvangen ist eines der am weitesten fortgeschrittenen Hotels der Welt – wenigstens lässt die dort zur Nachachtung der Reisenden angeschlagene H a u s o r d n u n g darauf schließen. Leider war es den „Augusta-Victoria"-Reisenden nicht vergönnt, in diesem Musterhotel zu übernachten. Nur einzelne, die sich an der herrlichen Tour Bergen-Vossevangen-Stahlheim-Gudvangen nicht beteiligen konnten, die deshalb mit der „Augusta-Victoria" bis zum Nörefjord fuhren und in Gudvangen ausstiegen, um nach Stahlheim zu gelangen, konnten einen Blick in dieses Musterhotel werfen. Zu Nutz und Frommen derjenigen, die nicht aus persönlicher Anschauung zu urteilen in der Lage sind, sei hier diese „Hausordnung" zum Abdruck gebracht. Sie ist in englischer Sprache abgefasst und lautet in deutscher Übersetzung:

„DAS MUSTERHOTEL.

Jeder Komfort des eigenen Hauses,
ohne seine Unbequemlichkeiten.

Das Hotel ist gebaut und eingerichtet, um jedem Besucher den speziell von ihm gewünschten Komfort und jede Bequemlichkeit zu bieten. Bei der Ankunft wird jeder Gast gefragt, wie und wo er zu leben wünscht; wenn er antwortet, er möchte etwas höher hinauf am Berghang oder näher am Fjord wohnen, so wird das Hotel sofort dahin gerollt. Eckzimmer und Aussichtsfenster werden für jeden Gast besonders eingerichtet.

Jedes Logierzimmer ist mit Baderaum, Toilette, Leitungen für heißes und kaltes Wasser, Telegraf und Telefon, Restaurant, Feuermeldestelle, Buffet, Billard, täglich erscheinender Zeitung, Nähmaschine, Konzertflügel, einem Schreiber mit Schreibmaschine und allen übrigen modernen Erfordernissen ausgestattet. Mahlzeiten werden jede Minute serviert. Jeder Gast erhält ein englisches, französisches und deutsches Wörterbuch. Seine Befehle kann jeder nach Belieben in irgendeiner Sprache erteilen. Kellner von jeder Nationalität und Farbe, auch Nigger, sind vorhanden. Die Kellner tragen Frack und Kniehosen, Bouquet im Knopfloch und in der Mitte gescheiteltes Haar. Jeder Gast bekommt den besten Platz im Speisesaal und zu seiner speziellen Verfügung den besten Kellner des Hotels.

Die Reisenden werden gebeten, falls sie einmal das Frühstück nicht in Rotgluthitze bekommen oder länger als 16 Sekunden auf die Ausführung irgendeines Befehls warten müssen, dem Besitzer Anzeige zu machen, worauf sofort Abhilfe erfolgen wird.

Kinder werden mit besonderer Vorliebe aufgenommen und gebeten, Springtaue und Stöcke mitzubringen, um damit die Ecken der geschnitzten Rosenholzmöbel abzuschlagen, die ganz speziell für diesen Zweck angeschafft sind. Brummkreisel mit scharfen Eisenspitzen werden auf den polierten Tischplatten ausgezeichnet laufen und auf den Teppichen die großartigsten Wirkungen erzielen. Jederzeit dürfen die Kinder mit Fäusten sich auf dem Piano vergnügen, in den Gängen Nachlaufen und Verstecken spielen, auf den Geländern herunterrutschen, die Treppen mit Gebrüll herunterfallen, vom Dessert so viel, wie eine kleine Familie braucht, in die Tasche stecken – kurz, sich so widerwärtig machen, wie es die zärtlichste Mutter nur wünschen kann.

Es ist erlaubt, in jedem Salon nach Belieben die Wäsche zu besorgen, und wenn eine Dame befiehlt, ihr ein Plätteisen anzusetzen, so wird es zu jeder Stunde des Tages oder der Nacht geschehen.

Ein durchaus verschwiegener Aufwärter, der Freimaurer, Odd Fellow oder Phytia-Ritter und so diskret ist, dass er nicht einmal die Tageszeit ausplaudert, ist angestellt, um abends Milchpunsch und heißen Toddy in die Damenkabinen zu bringen.

Jede Dame wird als Schönheitskönigin angesehen. Junge Leute, die nicht sofort auf ihren Wink mit Eiswasser, Gin-Cocktail, Feder, Tinte und Papier zur Hand sind, ehe sie irgendeinen Wunsch danach zu erkennen gegeben hat, werden mit dem Worte „Dämlich" auf der Stirn gebrandmarkt und lebenslänglich eingesperrt.

Der Zahlkellner ist sorgfältig ausgewählt, jedermann zu gefallen. Er kann eine Betstunde leiten, Billard spielen, vortrefflich tanzen, besonders deutschen Walzer, die Kinder unterhalten, ist eine Autorität in Sportsachen, bewandert in allen Eisenbahn- und Dampfschiff-Fahrplänen und besser unterrichtet über alle Einzelheiten der Reise als Bädeker oder irgendein anderes Reisebuch. Auf Verlangen knüpft er auch Verhältnisse mit jungen Damen an und lässt sich mit Vergnügen umbringen, wenn „Papa" dazu kommt. Er bringt ohne Mühe noch 40 Personen in den besten Zimmern des Hotels unter, wenn schon alle Räume voll sind, und gibt jede Auskunft in allen lebenden Sprachen sowie in Hebräisch, Griechisch, Latein, Assyrisch und Gälisch.

Hunde dürfen in jedes Zimmer und in jeden Salon mitgenommen werden. Die Herren dürfen überall trinken, rauchen, fluchen, spucken, gepfefferte Geschichten erzählen, die neuen Ankömmlinge anglotzen und sich anderen unschuldigen Vergnügungen hingeben, die in den Hafenplätzen Gebrauch sind.

Besondere Freude wird es dem Eigentümer machen, wenn ihm mitgeteilt wird, dass irgendein anderes Hotel das beste im Lande sei. Vor allen anderen sind solche Gäste willkommen, die Mitteilungen darüber zu machen geneigt sind, wie anderswo alles besser eingerichtet ist.

Der Eigentümer sieht es als eine persönliche Beleidigung an, wenn ein Gast beim Verlassen des Hotels die Rechnung nicht beanstandet, ihn nicht einen „Schwindler", sein Haus nicht eine elende „Kneipe" nennt, den Tisch nicht unter aller Kanone, die Weine nicht gefälscht findet und hinzufügt, dass er (der Gast) nie so scheußlich logiert und am Leben bedroht war, dass er niemals in ein solches Loch zurückkehren und seine Freunde davor warnen werde."

Am Nordkap

IV.

Um Mitternacht schreibe ich diese Zeilen bei vollkommenster Tageshelle – die Mitternachtssonne aber, der unser Besuch gilt, hat sich hinter Wolkengardine und Nebelschleier zurückgezogen und lässt sich verleugnen. Das stört uns indes keinen Augenblick im Taumel des Übermuts, in dem wir Europas nördlichste Spitze umtanzen, umwimmeln, umjubeln, dass es eine Lust ist. Wir haben ja eine gute Weile Zeit und Geduld, auf die liebe Mitternachtssonne zu warten, die hier oben wohnt und die unhöflich genug ist, fünfhundert Gäste antichambrieren zu lassen, welche so weit, so weit her pilgern, um ihr ihre Aufwartung zu machen. Bleibt sie indes unsichtbar, schmollt sie beharrlich, nun, so haben wir unsere eigene Mitternachtssonne an Bord – – – doch, dem Ernst erst sein Recht, eh' die Tollheit das ihre antritt.

Und ernste landschaftliche wie soziale Momente genug zogen an uns vorüber, eh' wir zuletzt nach langer, langer und eintöniger Fahrt durch den Atlantischen Ozean das Nordkap erreicht und mit jenem aufjauchzenden Übermut begrüßt haben, der seine Erklärung nicht etwa in irgendwelcher Überraschung, nicht in irgendeinem großartigen Reiz der Landschaft, sondern nur in unserem eigenen Gemüte findet. Noch verknüpft unsere Phantasie mit dem Begriff „Nordkap" die Vorstellung von einer weltentlegenen, mit Schwierigkeiten und großen Opfern, wenn nicht gar mit Gefahren zu erreichenden, düsteren Welt, und das Bewusstsein, unseres Erdteils äußersten Ausläufer betreten zu haben, erreicht zu haben, was nur Auserlesenen möglich, dieses Gefühl ist es, das sich in den Jubelausbrüchen wie in den reichlichen Champagner-Trank-Opfern ausdrückt.

Von diesen mehr durch die Phantasie beeinflussten, als durch sichtbare, greifbare Wirklichkeit hervorgerufenen, starken Eindrücken abgesehen, war ja so manche bisherige Station unserer Reise weit anziehender als ihr Höhepunkt: Das Nordkap.

* * *

Gleich der Ausflug, zu dem wir bei der ersten Begegnung mit dem Kaiser rüsteten, brachte einen reichen Ertrag an fremdartigen und gewaltigen Landschaftsbildern, an anziehenden Stimmungs-Gemälden und an kleinen Einblicken in das Volkstum. Ein tieferes Eindringen in das Wesen und Leben des norwegischen Volkes zu gewähren, dazu ist unser fröhlicher Zug durch Norwegen weniger angetan.

Nach einer kurzen Fahrt vom Landungsplatz in Bergen – einer Droschkenfahrt, um deren Tarif die Berliner Fuhrherren ihre nordischen Kollegen ewig beneiden würden – war der Bahnhof erreicht. Gut dreiviertel Stunden mussten wir auf diesem sehr stillen Eisenbahn-Hafen – der eigentliche Verkehrsmittelpunkt ist hier eben der Schiffs-Bahnhof, der große Seehafen – warten, ehe unser Extrazug bereit war. Rasch hinein in die dunklen Wagen, deren Holzdecken recht behaglich und sauber aussehen, und vorwärts ging's. Begrünte Bergkuppen stiegen an uns vorbei, dunkle Seen rechts und links, die von weißschäumenden Wasserfällen reichlich gespeist werden. Wie helle Seidenbänder glitzernd in Sonnenlicht rollen sich in der Ferne diese gletschergeborenen Wasserläufe hernieder.

Eine lustige Kaffeestation, eine weitere Fahrt durch frische, sonnenbeglänzte Wiesen und wir sind in Vossevangen. Der stille, freundliche Ort, die dunklen Höhen, die sich im tiefen See spiegeln, gemahnen hier an manchen vertrauten Punkt im Salzkammergut, an Altaussee etwa. In Fleischers Hotel, einem weiten, hübschen Holzbau, finden wir geräumige und saubere Zimmer, ein vortreffliches Abendessen. Ein Spaziergang beendet den ereignisreichen Tag. Wer sich davon angezogen fühlt, der kann noch das Schauspiel einer echt norwegischen Hochzeit genießen – „aber ach, ein Schauspiel nur". Kundige Nordlands-Thebaner versichern, dass dieses nach Landessitte geschmückte, stolz auf erhöhten Sitzen thronende Brautpaar das Fest der Vermählung schon über hundertmal gefeiert hat – wenn genug Touristen kommen, sogar zweimal am selben Tage. Brautstand, Zeremonien, alles ist Komödie, echt sind nur die Hochzeitsgeschenke, welche die Fremden geben.

In strahlender Pracht ist die Sonne aufgegangen – ging sie denn eigentlich unter in dieser taghellen Nacht? Um schlafen zu können, hatten wir jedenfalls die Fenster dicht verhängen müssen. Vor dem Hotel hatten sich hunderte von kleinen Wagen angesammelt. In Gesellschaft eines weltkundigen und liebenswürdigen Bergassessors, der zu unserer Literatur in verwandtschaftlichen Beziehungen steht, eines Enkels von Salomon Heine, nahmen wir in einem kleinen Landauer Platz, und nun beginnt eine frische, fröhliche Morgenfahrt. An kahlen Höhen geht's vorbei, an düsteren Kuppen, deren weiße Schneemützen im Sonnenglanze blinken, an üppigen Wiesen, auf denen Frauen und gelegentlich auch halb-städtisch gekleidete, hübsche, blonde Mädchen Heu mähen und über Holzgerüste zum Trocknen bereiten. In Tvinde machen wir Halt, in einem freundlichen Holz-Hotel streng englischen Stils, zu Füßen des brausenden, aus Wolkenhöhe herniedersausenden Tvindefoss. Dass „Foss" Wasserfall heißt, werden Sie ja auf unserer gemeinsamen Reise schon herausgefunden haben. Auch in einem jungen Hotel in Vinje wird kurze Rast gemacht, – die neuen, eleganten Holz-Gasthäuser schießen jetzt in Norwegen wie Pilze aus der Erde empor. Rauer wird nun die Natur um uns her. In kürzeren Zwischenraumen sind längs des Weges die mächtigen Schneepflüge aufgestellt, welche die wohlgehaltene Straße im Winter fahrbar erhalten sollen. Und nun leuchtet er vor uns auf, der himmelanregende, graue, kuppenförmige Jordalsnut. Sie kennen ihn, kennen ihn ganz gut, diesen vom lieben Herrgott als Augenspeise für die Menschheit in die Welt gesetzten Prinz-Pückler-Kegel. Sie kennen ihn von vielfachen Begegnungen in Ausstellungen und Galerien, denn alle Nordlandmaler haben ihn in Sommer- und Winterkleidung, in Morgen- und Abend- und heller Sommernachtsbeleuchtung dargestellt. Aufwärts wendet sich nun der Weg, und nach einem Zug an gewaltigen Bergriesen vorbei, zwischen denen sich wasserdurchzogene Schluchten hinwinden, erreichen wir die Krone dieser Nordlandhöhen, Stahlheim.

Im jungen und schönen Stahlheim-Hotel, in dem unser Kaiser schon wiederholt Rast hielt auf seinen Reisen durch Norwegen, in dem auch die Kronprinzessin Stefanie von Österreich einkehrte, treffen wir wieder mit den Reisegenossen zusammen, die vor uns den Ausflug unternahmen und abends vorher bereits Stahlheim erreicht hatten, ebenso mit der dritten Partei, die es vorzog, die Nacht auf dem Schiffe zu verbringen und am Morgen erst von der inzwischen nach Gudvangen vorgedrungenen „Augusta-Victoria" aus den kurzen Weg nach Stahlheim unternahm. Etwa hundertfünfzig von uns hatten bereits an den langen Tafeln im Saale gespeist – indes für uns Nachzügler das Mahl bereitet wurde, konnten wir uns der Landschaft erfreuen, die vielfach Schweizer Charakter zeigt. Auch der weite, luftige Holzbau mit seinen behaglichen Sälen, seinen Galerien, seinen eingerahmten, handschriftlichen Erinnerungen an fürstlichen Besuch zieht die Gäste an. Andere kaufen in den kleinen Läden Photographien oder norwegischen Schmuck.

Bei Tisch geht es dann fröhlich genug her, obwohl mitten in all diesen Bergen nur Küche und Keller – für solchen Massenzuspruch kaum gerüstet – nicht ganz auf der Höhe waren. Einmal ums andere springt Herr Zivil-Ingenieur Hoppstock – Kloppstock nennt ihn die Gesellschaft mit Vorliebe, – der schon zweimal Führer unseres Kaisers durch Norwegen war und nun unser Reisemarschall ist, auf, klopft ans Glas und bringt in einem ganz leidlichen, skandinavisch gefärbten Deutsch einen Trinkspruch aus, den er dann sofort ins Englische übersetzt. Den deutschen Kaiser lässt er leben, den König von Norwegen, „die Damens", und so ist der „Vorstand der Rederei", wie er nun genannt wird, noch eine gute Weile fruchtbar an Zwillings-Toasten. Nachdem er einen deutschen Satz beendet, beginnt er mechanisch: Ladies and gentlemen, und Eingeweihte behaupten, dass er nur noch Deutsch und Englisch aus dem Schlaf spricht.

Endlich wird aufgebrochen. Abwärts geht's nun wieder von der steilen Höhe, einen sehr kunstvollen Schlangenweg entlang. Die Wagen folgen uns oder ziehen voran, weil sie den abschüssigen Weg hinunter die Fahrgäste nicht aufnehmen können. Es wäre aber auch jammerschade, den Abstieg künstlich zu beschleunigen. Zwei Wasserfälle begleiten uns, zur Rechten und zur Linken, die ihre brausenden, tosenden Wassermassen bald staubförmig in

die Luft schicken, bald mit ungeheurer Kraft gegen Fels-
giganten aufschlagen lassen, dass der weiße Schaum wieder, im Sonnenlicht Regenbogen bildend, hoch in die Luft
zurückflutet als farbenprächtige Fontäne. An jeder Krüm-
mung des Weges gewähren uns diese beiden schäumenden
Begleiter, gewähren uns die Schluchten und Granit-Zacken
neue, überraschende Bilder.

Am Fuße des Bergkegels besteigen wir unsere Wagen,
und in munterem Zuge geht es nun nach Gudvangen.
Breite, glatte, finstere Felswände von ungeheurer Höhe, hie
und da von kleineren Wasserfällen überrieselt, haben wir
zu beiden Seiten. Das sind die Wege, die sich die mächtigs-
ten Straßenbaumeister, die Gletscher, auf ihrem Vordringen nach dem Meere durch die Granit-Ungeheuer geschla-
gen haben. Jetzt ist das kleine Gudvangen erreicht, das
heute, durchzogen von lustigen Menschen, beleuchtet von
der goldigen Abendsonne, ganz freundlich anmutet, und
das doch sonst in seiner Umrahmung durch dunkle, kahle
Felswände so düster dreinschauen soll.

Hier sollte ich übrigens ein Beispiel von der bisher durch
Findigkeits-Reklamen noch nicht verherrlichten und doch
so erstaunlichen Sorgsamkeit des norwegischen Telegra-
phendiensts finden. Nach Bergen war mir ein Telegramm
gesandt worden, das erst eintraf, als die „Augusta-Victoria"
weitergezogen war. Das Telegraphenamt in Bergen hatte
Kenntnis davon, dass unser Schiff vor Gudvangen liegt.
Dieses Örtchen hat nun kein Telegraphenamt, wohl aber,
wie alle kleinen norwegischen und schwedischen Ort-
schaften und Gehöfte, Fernsprechverbindung; – von der
Verbreitung und Vollkommenheit des Telefons im skandinavischen Norden verlohnte es sich wohl, eingehender
zu sprechen. Das Telegraphenamt in Bergen gab also das
Telegramm telefonisch an das. „Viking-Hotel" in Gudvan-

gen weiter, mit der Bitte, es zu bestellen. Der Hotelportier stand nun unverdrossen am Wege, rief jedem heranrollenden Wagen fragend meinen Namen entgegen und überreichte mir, als endlich ich an die Reihe kam, das auf einen Briefbogen des Hotels geschriebene Telegramm, das den herrlichen Tag durch frohe Kunde von den Lieben daheim froh abschließen sollte. Das ist gefundene, nicht in Rebus-Spielereien sich verlierende „Findigkeit"!

Die „Hansa", die unsere „Augusta-Victoria" munter und leer begleitet, wie in Russland das wiehernde Füllen der den Wagen ziehenden Mutterstute nachtrabt, nahm nun die ganze fröhliche Gesellschaft mitsamt unserer Musik-Kapelle, die uns entgegengezogen war, auf. Es galt, sie wieder dem großen Doppelschrauben-Dampfer, der den Weg in die enge Wassergasse nicht antreten durfte, zuzuführen.

Eine merkwürdige und die ganze Eigenart unserer Gesellschaftskreise kennzeichnende Fahrt war's, die wir jetzt antraten. Den Sogne-Fjord entlang führte sie über einen der herrlichsten norwegischen Meeresarme der See zu, an einem Stückchen Welt von erhabener Schönheit vorbei. Von düsterer, gewaltiger Schönheit. Ernst ist der Charakter der Landschaft, zu tiefer Selbstbetrachtung, zu schwermütigen Vergleichen zwischen Augenblick und Ewigkeit regt er an, zwischen der Nichtigkeit all unserer persönlichen Interessen, unserer winzigen Leiden und Freuden gegenüber den Äonen überdauernden Zeugen des Werdens und Lebens unserer Welt.

Wie aber sah's auf unserer „Hansa" aus?

Von plaudernden, lachenden, scherzenden Menschen erfüllt, von Kalauern, Anekdoten, Neckereien durchschwirrt, von bunten Wimpeln lustig umflattert, zog sie unter den Klängen Strauß'scher Walzer dahin, wie ein Schiff etwa, das eine frohe Turnfest-Gesellschaft von Mainz nach dem weinseligen Rüdesheim trägt. Und dennoch können wir uns über irgendeinen Verlust an Landschaftsreiz und Stimmung keineswegs beklagen. Im Gegenteil! Die ernsten, weißhäuptigen Bergriesen, die vielleicht zum ersten Male eine so große fröhliche Gesellschaft zu ihren Füßen erblickten, sahen umso ehrwürdiger aus, und umso gewaltiger wirkten im Gegensatz zum Festtreiben da unten die Gletscher, denen die Julisonne Tränen entlockt, Tränen, welche da als Wasserfälle herniederstürzen.

Lang, lang dehnt sich die Fahrt. Länger als erwartet wurde. Denn am Morgen hatte die „Augusta-Victoria" ihre Bewohner bis Dreiviertelstunden vor Gudvangen gebracht. Dass inzwischen die Ebbe das große Schiff veranlasst hatte, ein gut Stück weiter in See hinauszugehen, wussten die 270 Seefahrer, die Ferien-Wikinger, ja nicht. Der Appetit wuchs, die Ungeduld mit ihm. Im Scherz und halben Ernst verbreitete sich, insbesondere unter den binnenländischen Nautikern, die Meinung, die „Hansa" könnte sich ja im Gewirr der Wassergassen, durch die sich Bergreihen ziehen, verirrt haben. Man wurde zuletzt sogar ernstlich unruhig. Mit umso lebhafterem Jubel wurde die „Augusta-Victoria" begrüßt, als sie endlich in Sicht kam.

Die Fanfare, die an diesem Abend sofort nach unserem Einzug ins Schiff zu Tische rief, bildete gewiss die beliebteste und erfolgreichste Konzert-Nummer während der dreiwöchigen, musikreichen Fahrt. Zu später Stunde freilich, nach zehn Uhr, ging's zum Mittagessen – oder sollte es nordlandmäßig ein Mitternachtsessen sein? Das üppige Mahl, durch das die Packetfahrt-Gesellschaft ihre Passagiere sehr, allzu sehr, viel zu sehr verwöhnt, es schmeckte diesmal ganz besonders gut.

* * *

Das Schlafen ist ja aus der Mode gekommen in den Breiten, in denen wir jetzt leben. Der solideste Mensch kann doch nicht wohl vor Dunkelwerden schlafen gehen, und bei uns wird's eben nie dunkel. Dennoch vollzieht sich alltäglich etwas Unerklärliches. Man geht zwar kaum schlafen, aber man steht sehr spät auf. Als man nun am nächsten Morgen endlich doch auf Deck sich zeigte, da sollte man staunend ein größeres Wunder erleben!

Im hohen skandinavischen Norden hatte man sich vor wenigen Stunden zu Bette begeben, im italienischen Süden wachte man auf.

Oder liegt dieses herrliche kleine Molde da vor uns nicht in Italien?

Dann lügt der unschuldsblaue italienische Himmel, der so schön und warm auf uns herniederlacht, dann lügen diese üppig grünen, blumendurchwirkten Wiesen, dann ist kein Verlass mehr auf diese reine, sonndurchwärmte Luft, auf diese blaue Flut. Rasch hinunter in die kleine Petroleum-Barkasse, unsere flinke, allzeit bereite Wasserdroschke, die vor jeder Haltestelle unausgesetzt den Verkehr zwischen Schiff und Land vermittelt.

Auf dem Spaziergang durch Molde, dieses Stück Süden im Norden, sollen Sie mich nächstens begleiten. Vorläufig sei Ihnen eine kurze Rast gegönnt, ehe Sie mit uns über Naes, Trondheim, Ingö, über Walfisch-Fang und Trangeruch nach dem Nordkap ziehen und in Nebeln mit uns aufwärts klimmen, dahin, wo die Mitternachtssonne sich – versteckt, wo uns aber in strahlender Helle eine andere Sonne aufgeht, die der außer sich geratenden, übertollen, überseligen menschlichen Fröhlichkeit.

Hammerfest

Tromsø

V.

ZWISCHEN HAMMERFEST UND TROMSØ,
23. JULI.

Nur nicht zu lange bei dem Staat im Staate verweilen. Nur nicht zu lange von dem fröhlichen Stückchen Deutschland sich abziehen lassen, das wir da durch Norwegens Fjorde spazieren führen. Die Verlockung ist freilich groß genug. Diejenigen reizen unsern Neid zwar nicht, die aus Norwegen nur die Erinnerung an glückliche Knobel-Erfolge, – Sie kennen ja das geistreiche Zech-Auswürfeln – an interessante Skatpartien mitbringen oder an aufregende Poker-Momente. Mit mehr Grund aber wäre die Frage aufzuwerfen, ob nicht diejenigen unserer Reisegenossen das Schönste auf der Reise genossen, die nur eine unauslöschliche Erinnerung an entzückende, munter und frei sich bewegende Amerikanerinnen heimbringen, die man in Norwegen überall findet. Ihrerseits werden die jungen Damen aus der Union den Eindruck übers Meer mit heim nehmen, in Skandinavien wimmele es von netten, jungen Deutschen, die überaus angenehm „flirten".

Wir müssen nun, wohl oder übel, das Land studieren …

Sie traben freilich eine erkleckliche Strecke hinter mir her. Während ich bereits am Nordkap vorbei, um die Insel Margerö[1] herum, das nördlichste Stück Europa, passiert habe, blieben Sie in Molde zurück – eine ansehnliche Dis-

---

1   Anm. d. Verlags: Hier handelt es sich vermutlich um das heutige Mageröya.

tanz. Sehen Sie sich die Entfernung nur einmal auf der Karte an. Wie viele deutsche Bundesstaaten haben da Platz! Und dennoch können Sie sich nicht beklagen. Ist es doch das schönste Stückchen Norwegen, in dem ich Sie zurückließ, – Skandinaviens Ostende. Ein Gasthaus im muntersten Schweizerstil, „Hotel Alexandra", breitet sich gleich vor der Landungsbrücke aus, und englische wie einheimische Sommerfrischler, darunter ein schwedischer Minister, sehen neugierig den wimmelnden Passagiermassen zu, welche die Barkassen der „Augusta-Victoria" in kurzen Pausen immer wieder an Land liefern. Der zweirädrigen, flinken Wagen bemächtigen sich die einen, andere verbreiten sich in den Straßen, die mit ihren vielen Läden, ihren freundlichen, niedrigen Logierhäusern an Schandau etwa oder an einzelne hübsche Taunus-Bäder erinnern, nur dass die Häuser hier sämtlich aus Holz sind. Wir unsererseits ziehen am neuen prächtigen „Grand Hotel" vorbei die Straße hinaus ins Freie. Ein unvergleichlich schöner Spaziergang. Rechts der Fjord, den ehrwürdige, schneehäuptige Bergriesen begrenzen, links eine üppige Landschaft, um die Thüringen und Norditalien dieses Molde beneiden könnten. Sanfte Höhen sind von schönem Gehölz bestanden, und prangende Ährenfelder, üppige Wiesen, die nach dem zweiten Grasschnitt wieder hohe Halme zeigen, bilden einen freundlichen Gegensatz zu den eisstarrenden Höhen jenseits des Fjords. Warm scheint die Julisonne hernieder auf die geschützte Mulde, und erstaunlich warm ist hier auch die See, die zwar von oben her durch die Gletscher gespeist wird, unten aber warme Golfstrom-Zuflüsse verspürt.

Wir erfrischen uns aus einem kleinen Bauernhäuschen, in dem uns aus blinkend hellen Gläsern frische, duftende Milch gereicht wird, dann kehren wir ins Örtchen zurück, um die auf einer Anhöhe gelegene, hübsche Holzkirche kennen zu lernen. Das vielgerühmte Altarbild, das als ein Kunstschatz von Molde angepriesen wird, vermag uns nicht sonderlich zu erwärmen. Es stellt die Frauen dar, die Christi Grab aufsuchen und denen ein Engel zuruft: „Er ist auferstanden!" Der Engel ist sehr lang geraten und zeigt sich in schmerzhaft gezwungener Haltung. Die Frauen sind schon natürlicher. Das Ganze macht, von einigen schönen Einzelheiten und der leuchtenden Farbe abgesehen, einen etwas leer-pathetischen, phrasenhaften Eindruck. Umso anziehender wirkt die schöne Kirche selbst, welcher der Holzton einen anheimelnd behaglichen Charakter verleiht. Gibt der strahlende Marmor, das kunstvoll bearbeitete, gewaltige graue Gestein den Kirchen sonst den erhabenen, feierlichen Anstrich, so stehen die Moldenser in ihrer Kirche mit ihrem lieben Herrgott auf einem etwas gemütlicheren Fuße, was der Frömmigkeit gewiss keinen Eintrag tut.

So gern wir auch noch länger in Molde verweilen möchten – die Stunde ruft. Unsere Wasser-Equipagen bringen uns wieder an Bord, und vorwärts geht's den Fjord zurück ins Meer hinaus. Durch die Molde- und Romsdal-Fjords führt uns der Weg unserer nächsten Haltestelle entgegen, nach Naes. Hier wird Rast gemacht. Einige Passagiere verbringen die Nacht in den Hotels am Ufer. Wir benutzen den Abend zu einem prächtigen Spaziergang über die Höhen, die sich in die See hinein erstrecken. Der nächste Tag bleibt Ausflügen nach dem Romsdalshorn, nach Horgheim vorbehalten. Auch ein Soldatenlager besuchen wir. Etwa 1 200 Soldaten, nicht eben glänzend oder auch nur einheitlich uniformiert, nicht eben sehr stramm von Haltung, sind hier zu Übungen vereint. Die Baracken machen den saubersten und freundlichsten Eindruck. Die spitzen Zelte, hie und da an türkische erinnernd, sind hübsch und reinlich, und die Soldaten scheinen ihre Gewehre in einfachen und natürlichen, leichten Griffen sehr geschickt zu handhaben. Für vorwiegend norddeutsche Reisende hat diese letztere Sehenswürdigkeit begreiflicherweise eine besondere Anziehung. Malerisch gestaltet sich das Bild vor dem eigentlichen Lager, wo, ach so unromantische, Marketenderinnen, echt norwegisch!, Kaffee an die Soldaten ausschenken. Hausierer etablierten einen kleinen Bazar, in dem sie allerlei billigen Kram verkaufen. Besonders bemerkenswert erscheint uns das freundliche Wesen der Soldaten sowie die Häufigkeit der zottigen norwegischen und lappländischen – Hunde im Lager. Der eine der Soldaten vermag uns in englischen und deutschen Brocken allerlei Auskunft zu geben – er wird denn auch voller Neid und Bewunderung angegafft von den etwas schlotterig dastehenden Kameraden rings umher, vielleicht auch voll berechtigten Stolzes. Der Mann ist nämlich groß geworden, im Verkehr mit der vornehmsten Gesellschaft. Respekt!, er ist K u t s c h e r !

* * *

Trondheim oder wie man jetzt auch bei uns in Deutschland immer sagt und schreibt Trondhjem (sprich Tronjem), das vielbeschriebene, ist unsere nächste Station. Da wir nicht Norwegen schildern, das schon seit einiger Zeit bekannt ist, sondern nur die neuartige Reise, die eines der schönsten und größten Schiffe mit einer eleganten internationalen Gesellschaft an Bord zum ersten Male durch das Land macht, so halten wir uns hier nicht lange auf. Sonderlich eigenartig und spezifisch norwegisch ist die Stadt auch nur an wenigen Punkten. Wir finden sie noch in einiger Erregung über den Besuch des deutschen K a i s e r s , der dort tags zuvor geweilt. Noch bei unserer Einfahrt begegneten wir der „Hohenzollern", zogen langsam, ganz langsam hart an ihr vorbei, und der Kaiser, der auf Deck stand, grüßte überaus lebhaft, erst mit der Hand, dann durch Schwenken der Mütze.

In einem Konzert-Lokal vor der Stadt, einem reizenden Garten-Etablissement, einer Art Nordlands-Kroll, erzählte uns der deutsche Kellner stolz: der Kaiser habe abends zuvor etwa dreiviertel Stunden lang im Saale *incognito* der Vorstellung beigewohnt. Als der Kaiser sich entfernen wollte, habe er, der Kellner, ihm beim Anziehen geholfen.

„Haben Sie meinen Adjutanten nicht gesehen?", habe der Kaiser gefragt und sich dann schnell verbessert: „Meinen Begleiter."

Wir besuchen den Dom, eines der ältesten Kirchenbauwerke, in dem gotischer und romantischer Stil sich vereinen und in ihrer Mischung wie in den Übergängen eine Art von monumentaler Geschichte der Baukunst wie dieses Einzelbaues darstellen. Der in den Dom eingemauerte Olaf-Brunnen, der freilich längst versiegt ist, einige drastische Beispiele alten Humors in der Plastik nehmen viel Aufmerksamkeit in Anspruch, ebenso die wegen Mangel an Mitteln sehr langsam vor sich gehende Restauration. Sofern dieser Ausbau – wie es fast scheint – die Aufgabe haben soll, eine Ausgleichung der Stilarten herbeizuführen und die in der Baugeschichte des Gotteshauses begründete Mannigfaltigkeit zu verwischen, wäre das sehr zu beklagen. Die dem Stein abgerungene Grazie der Bogen, die Zierlichkeit der Arabesken interessiert uns hier doppelt. Unser Riesendampfer, dessen ungeheure Maschinen mit vieltausendpfündigen Eisengewichten wie mit Gummibällen spielen, zeigt uns die Überwindung der Masse durch die Kraft, hier im Dome sehen wir den edleren Triumph der Schönheit über den brutalen Stoff.

Wir sehen uns Trondheims Baulichkeiten, seine reizende Umgebung an und bleiben staunend vor dem kleinen hölzernen Zuchthäuschen stehen, vor dem in einem Laden hübsche kunstgewerbliche Erzeugnisse, Arbeiten der Sträflinge, feilgehalten werden. Es ist übrigens pure Gutherzigkeit der Verbrecher, wenn sie aus diesem hölzernen Zuchthäuselchen nicht entwischen – sie brauchen sich nur kräftig gegen die Wand zu stemmen und sie sind draußen. Wollen sie über den niedrigen Bretterzaun des Hofes entweichen, so riskieren sie höchstens, dass sie sich an den aufgesteckten Eisennägeln – schrecklich! – die Beinkleider zerreißen. Auch den vielen, vielen rudelweise spielenden Kindern auf der Straße wenden wir verdiente Aufmerksamkeit zu. Der Himmel hat Trondheim mit ganz besonderem Kindersegen begnadet. Inzwischen füllen unsere Mitpassagiere die Läden der Stadt. Emaille, Silbergerät und Schmuck, insbesondere aber Pelzwerk, wird stark gekauft. Mit heiterem Interesse verweilen namentlich die Berliner in einem Silbergeschäft an der Kongens-Gade, dessen Firma bei uns in Berlin sehr schnell populär werden würde; der Inhaber heißt nämlich: Ole Aas.

* * *

Der nächste Tag sollte einem eigentümlichen Norweger-Städtchen gehören: Bodø. Um Vormittag machten wir auf der „Hansa", unserem Begleitschiff, eine erfrischende Spazierfahrt nach Saltströmmen, einer Fjordstelle, an der Ebbe und Flut eine starke, zu Zeiten tobende und selbst großen Schiffen gefährliche Brandung hervorrufen. Ein Heringsfang, den wir hier mitmachen sollten, ist zu Fjord-Wasser geworden. Die Heringe sind in diesem Jahr noch ausgeblieben. Der Nachmittag wird der kleinen, freundlich vor dem Fjord gelagerten Stadt gewidmet.

Bodø ist ein stolzes, freies, auf sich selbst gestelltes Gemeinwesen, das sich nicht für die Fremden schminkt und keine Gala oder Maskerade für die Reisenden anlegt. Bodø ist für die Bodøer! Das scheint das Losungswort. Kein Hotel, kein Café, kein Restaurant! Kein Laden mit „nationalen" Nichtigkeiten will uns das Geld ablisten, kein Wagen bietet sich an, nicht einmal die landesüblichen Bettelkinder mit den kleinen Blümchen sind zu sehen. In den freilich meist grauen und etwas düstern Holzhäusern wohnen sorglose Menschen, die zu leben haben.

Zufällig geraten wir in einen großen Konzertsaal, in dem gerade die Männer in stattlicher Versammlung ernst und aufmerksam ihre städtischen und Schifffahrts-Angelegenheiten beraten. Ein besser gekleideter Mann vor einer Art von Pult hält einen Vortrag, den hie und da eine Frage oder eine sofort zu erledigende Einwendung aus der Versammlung heraus unterbricht. Der germanische Charakter der Sprache tritt in diesem Vortrag auffallend zutage. Er hört sich genau an wie Deutsch, das man der Entfernung wegen schlecht versteht.

Der Abschied am sonnig warmen späten Abend gestaltet sich zu einem besonders herzlichen und stürmischen. In hunderten von kleinen Booten, die vielfach Frauen und Mädchen lustig regieren, ist halb Bodø versammelt, begleitet mit Beifall und Hurras die Weisen unserer Kapelle und nimmt mit besonderem Enthusiasmus die Nationalhymne auf. Fröhliche Zurufe werden ausgetauscht, deutsches und norwegisches Lachen mischt sich zu einem hübschen Chor und Taschentücher – ja, auch Bodø hat Taschentücher – wehen hüben und drüben. Zwischendurch fehlt es auch an lustigen Episoden nicht. Ein reizender Vorwurf für einen Genremaler war's, wie eine praktische Bodøerin sich anschickte, die aus dem Schiffe in Massen ausgeworfenen

Speisereste aufzufangen, indem sie eine ungeheure Düte aus ihrem rasch abgeworfenen und oben festgebundenen – Unterrock machte.

* * *

… Haben Sie schon einmal eine Walfisch-Jagd mitgemacht? Schwerlich. Nun, in der Leipzigerstraße trifft man ja dieses Meeresungeheuer selten. Wir aber, die wir im nordischen Gewässer, in der Heimat des Wals reisen und die Wasserfontänen sehen, die er beim Atmen hoch in die Luft schleudert, wir … wir … wir haben vorläufig erst recht keinen Walfisch erlegt. Und das ging so zu: Von der Packetfahrt-Gesellschaft, die sich in Aufmerksamkeit für ihre Passagiere förmlich erschöpft und alles anbietet, um ihnen Wesen und Leben des Landes gründlich zu veranschaulichen, waren zwei Walfischfänger bestellt worden, eigentümliche, kleine, flache Dampfer. Hoch oben in einer weißen Tonne späht ein Mann nach Walfischen aus und zeigt den Schiffsführern unten die einzuschlagende Richtung. Ist die Nähe des Wals erreicht, dann wird aus einer Kanone die ein starkes Seil nach sich ziehende Harpune auf das Tier geschossen. Mit den beiden Walfischbooten zogen wir eine Strecke weit zurück nach einer Gegend, in der wir wenige Stunden vorher Walfische getroffen hatten. Aber sie ließen sich nun nicht wieder sehen. Nicht zu Hause! Wo immer wir sie aufsuchten: Nicht anzutreffen. Der Walfischjagd sollten wir aber darum nicht verlustig gehen. Der eine Walfischfänger veranlasste eine kleine Tonne, uns gefälligst einen Walfisch vorzustellen. Die Tonne wurde ins Meer geworfen, das Dampfboot entfernte sich, schoss die Harpune aus dem Geschütz ab, der Boden flog weit hinauf, und die Tonne hatte ihre edle Seele ausgehaucht. Dahin – ein Opfer der Wissenschaft!

Die mächtigen Zuckungen des verendenden Wals, den grässlichen Todeskampf des Seeungeheuers vermochte die Tonne freilich nur unvollkommen wiederzugeben. Durch Zigarren, Wein, Schinken reichlich abgelohnt, zogen die Walfischfänger von dannen.

Vor Ingö, dem berühmten Tran-Orte atembeklemmenden und übelriechenden Angedenkens, sollten wir das Manöver noch einmal an einem toten Wal sehen. Ein 63 Fuß langes Wal-Weibchen, das zwei Tage vorher erlegt worden und noch an das Dampfboot, das es hereinschiffte, angeseilt war, wurde an unser Schiff bugsiert. Auf und nieder trug die Woge den gewaltigen, wie in einer ungeheuren dicken Gummihülle steckenden Leib, und das Bauchfell mit seinen grauen, gradlinigen und regelmäßigen, tiefgehenden Riefen, sah etwa aus wie die Schraffierung der Außenwände an den norwegischen Holzhäusern.

Der arme tote Wal musste nun wieder zum Ziel einer Harpune werden, die ihn freilich verfehlte. Die nächste erst schoss ihn endlich erheblich toter, als er schon war. Wenn noch viele große Passagierschiffe kommen, wird er sich mit der Zeit schon daran gewöhnen.

* * *

Der Nachmittag brachte allerlei mit ausgelassenem Jubel aufgenommene, von Matrosen ausgeführte, vielfach von Passagieren unter dem Hallo der Genossen nachgemachte Spiele: Wett-Kauen, Sackhüpfen, Tauziehen u. dergl. Der Abend aber bescherte uns eine ganz besondere Überraschung: Einen Ball.

Ein richtiger, fashionabler Ball mit Frack und großen Toiletten auf dem pfeilschnell durch das Meer ziehenden Schiff, ein echter Ball jenseits des Polar-Kreises, ein Ball mit Delphinen und Walfischen als Zaungäste.

Kleine, improvisierte Tanzvergnügungen auf Deck hatten wir ja schon öfter. Diesmal war der Saal der zweiten Kajüte ausgeräumt, mit Fahnen und Standarten geschmückt, der Fußboden mit Stoff ausgeschlagen worden. Die Damen erschienen meist in Ballkleidern, die Herren in Fracks, hellen Handschuhen und weißen Binden. Herr Direktor Ballin, der, von seiner allzeit heiteren und liebenswürdigen Gattin unterstützt, mit allem Geschick des musterhaften Hauswirtes die Gäste empfing und die Honneurs machte, ließ als Andenken an die Fahrt sehr hübsche weiße, bemalte Fächer an die Damen verteilen. Mehrfach im Laufe des Abends wurden frische Blumen, Limonaden, Eis, Erfrischungen aller Art herumgereicht. Die Amerikanerinnen, die besonders graziös und elegant tanzten, sahen sich viel umworben, und die eigentliche deutsch-amerikanische Allianz auf dem Schiff datiert von diesem Abend. Bald kommandierte ein rasch beliebt gewordener westpreußischer Amtsrichter von derb-deutschem Humor, bald ein süddeutscher Konsul den Contre, in dem Jung-Deutschland und Jung-Amerika, Berlin und Hamburg, Österreich und Frankreich fröhlich durcheinanderglitten. Selten, sehr selten sahen wir in Berlin so animiert tanzen, und die Walfische draußen in der leuchtenden, taghellen Nordlandnacht machten ein verwundertes Gesicht zu dem Schauspiel, das sich in diesem Stile gewiss zum ersten Male abspielte auf dem nordischen Meere, das wir bei alledem in so scharfer Fahrt durchschnitten.

* * *

Ernster und feierlicher schien der nächste Tag verlaufen zu sollen, der uns dem großen Wegziel, dem geheimnisumwobenen, einsamen Nordkap entgegenführte, der Mitternachtssonne. „Wird sie sich uns zeigen? Wird sie sich verhüllen?" Das war die große Frage. Der arme Kapitän Kaempff, zu dessen seemännischen Tugenden auch Geduld und Ruhe gehören, musste das Orakel spielen und hundertfach immer wieder auf die gleiche Frage die gleiche deutsame, delphische Antwort geben. Gegen Abend endlich – was man so hier nach der Uhr, nicht nach Licht und Sonnenstand, Abend nennt, fuhren wir langsam an den schroffen Felsvorsprung mit der in Dreiviertelhöhe etwa keck aufgestülpten Nase heran. Schwarz und düster, von einer ungeheuren, schweren Nebelkappe bedeckt, gemahnen diese schweigsamen, von Seeadlern umkreisten Felsen ein wenig an den „Eingang zur Unterwelt", das Bild, das Sie ja von der diesjährigen Berliner Ausstellung her kennen.

Eins war jetzt klar – bis Mitternacht konnte es nicht mehr klar werden, und mit der Aussicht auf die Mitternachtssonne, der einzigen Aussicht, die das Kap bietet, war's vorbei. Dennoch unternahm fast die ganze Reisegesellschaft die Überfahrt ans Land und der größere Teil auch den schwierigen Aufstieg auf die steinige, steile Höhe durch den dicken Nebel hindurch.

Indes die Vorsichtigeren unten im feuchten Grase Kap-Blumen suchten oder dem spekulativen Norweger, der sich da eingefunden hatte, Gedenk-Steinchen abkauften, die sie doch so bequem selbst hätten finden können, klommen etwa 150 tapfere Herren und Damen das Sicherheitsseil entlang zur Kap-Höhe empor. Oben angelangt, – als Erste nahm eine junge Amerikanerin die silberne „Kap-Medaille" entgegen – fanden sie den Berg in Wolken gehüllt und sahen weder Meer noch Schiff noch Himmel. Aber der ganze tolle Übermut, den ein gemeinsam begangener, kecker Streich erzeugt, eine Lustigkeit, die umso unbändiger war, als sie in nichts Gefundenem, nichts Wirklichem ihren Grund hatte, erfasste die Gesellschaft und ergriff mit zündender Gewalt jeden Nachzügler. Ein lärmender Sturmangriff auf die Champagnerflaschen, ein jauchzendes Zutrinken und Zurufen, eine selige Verschwisterung der Fremdesten, Reden auf die Daheimgebliebenen und Anwesenden, patriotische Lieder, alles in fröhlichkeitstrunkenem Durcheinander, das war ihre Mitternachtssonne.

Nie zuvor war uns so klar geworden, was Hieronymus Lorm unter seinem „Optimismus ohne Grund" versteht. Jedes Glücksgefühl, das aus irgendeiner sogenannten vernünftigen Ursache fließt, hat seine engen Grenzen, kann schnell sein Ende erreichen und bietet der Kritik Angriffspunkte. Grenzenlos und unanfechtbar allein bleibt die Fröhlichkeit um ihrer selbst willen, der „Optimismus ohne Grund", den Lorm mit so viel Geist und philosophischem Scharfsinn lehrt.

Alle guten Weingeister vereinigten sich, um die Gesellschaft, die hier an die 150 Flaschen Champagner geleert, in zwei – drei Stunden an die zweitausend Kronen im Kap-Pavillon verkneipt haben soll und nun in übermütigster Stimmung den Abstieg antrat, ungefährdet wieder aufs Schiff zu bringen, von dessen Spitze ihnen weithin eine heiter begrüßte – Mitternachtssonne entgegenleuchtete. Herr Direktor Ballin hatte da eine elektrische „Sonne" anbringen und mit rotem Flaggenstoff überspannen lassen. Man muss sich zu helfen wissen!

Dass wir die Mitternachtssonne doch noch schauen würden in all ihrer Pracht – wenn auch ein Weilchen nur, wer hätte es jetzt erwarten dürfen?! Ein Tag sollte sie uns bringen, der als trübseligster der Reise begann, um als schönster zu enden.

Nordkap bei der Mitternachtssonne

Digermulen am Raftsund

VI.

Man soll den Tag nicht vor dem Abend tadeln!

Eine schöne und nützliche Lehre, die ich Ihnen da aus Norwegen mitbringe. Ich hatte mir eben von vornherein vorgenommen, Ihnen etwas Schönes und Nützliches von meiner Nordlandfahrt mitzubringen. Die gute Lehre nun, die ich eben für Sie auspacke, man gewinnt nirgends besser als in den arktischen Regionen. Hören Sie nur:

Am „Lendemain", der weinseligen Norkapnacht, in der so viele von uns eine Sektflasche für die Mitternachtssonne hielten, schlug unsere „Augusta-Victoria" den Rückweg an, zum Glück vorerst in die Meeresregionen, in denen der Hering – ach, welch' ein nützlich Tier an Montagen und nach Kap-Besteigungen! – heimisch ist. Wie groß aber war die Überraschung der Spätaufsteher, als sie endlich auf Deck erschienen und sich wieder vor dem kahlen, weit ins Meer hinausgestreckten, adlerumflatterten Kap fanden, das seine Bergnase so hoch trägt, weil es in der Wüstenei ein Stückchen edelster Kultur repräsentiert, – die Champagner-Kultur. Nirgends wieder trifft man auch nur annähernd so hoch im Norden – o, welcher Segen der Zivilisation! – die Flasche Sekt zu zehn bis zwölf Kronen an.

Wie aber waren wir nach langer Fahrt wieder ans Kap gekommen? Unser Schiff stieß auf schwere, undurchdringliche Nebel. Kapitän Kaempff, so vorsichtig wie gewissenhaft, gab es auf, die vorgesehene Schleife um die Insel Margerö zu machen, und wandte sich geradeswegs nach Hammerfest.

Allzu freudige Wetter-Hoffnungen konnten uns unter diesen Umständen nicht gerade auf der etwa 28-stündigen Seefahrt begleiten; als wir aber am Sonntag gegen Mittag vor der nördlichsten Stadt Europas hielten, da zeigte es sich wieder: Von der kleinen Kap-Episode abgesehen, sind uns die Wettermächte auf unserer Fahrt so günstig wie nur irgend möglich gewesen. Sie vergnügten sich wohl damit, uns gelegentlich mit Drohungen zu necken und durch eine bitterböse Miene zu ängstigen, im entscheidenden Augenblicke aber zeigten sie uns das freundlichste Gesicht.

Aus fliehenden Nebeln hob sich die frische, freundliche Stadt hervor, die nach dem Brande von 1892 so rasch und schön sich wieder aus der Asche aufrichtete, als gehörte der Phönix zur arktischen Fauna. Wie ein Rosenblatt in eine endlose Wüste verweht, so liegt Hammerfest weltentrückt hoch oben, inmitten starrer, kahler Felsen. Kein Baum, kein Strauch rings umher, kein wogendes Ährenfeld so weit das Auge reicht. Und dennoch begegnet uns blühender, üppiger Reichtum in den etlichen hundert freundlichen, oft villenartigen Holzhäusern, welche Hammerfest bilden. Der Kulturhöhe, welcher das dichte Telefonnetz, welcher die für die mehrmonatliche Winternacht eingerichtete, im mehrmonatlichen Sommertag feiernde elektrische Beleuchtung entspricht, dem Reichtum, der sich in luxuriös eingerichteten Villen ausdrückt, steht eine tiefere geistige und materielle Armut nicht gegenüber. Wohl kennt Hammerfest einen Mittelstand nicht. Den großen Pelz-Millionären folgen gleich die Besitzlosen. Die aber finden im Fischreichtum des Fjords ihre allezeit bereite, reichliche und gesunde, schmackhafte Nahrung, am großen, täglich von fremden Schiffen angelaufenen Hafen guten Erwerb, und zum leichtsinnigen Geldausgeben fehlt es an Gelegenheit. Wie in allen norwegischen Städten ist hier der Schnaps-Ausschank verboten oder doch sehr erschwert; in den kleinen, stillen Gasthäusern bekommt man nur Milch, Brause-Limonade, Kaffee und leichtes Flaschenbier. Tanzlokale scheint das Städtchen, das nur einen Tag im Jahr besitzt, nicht zu kennen. Und dennoch müsste eine Stadt mit so langer Nacht das Ideal des rechten Lebemannes sein! Welch' eine Lust, Gesellschaft um Gesellschaft besuchen, spielen, trinken dürfen ins Endlose und doch vor Morgengrauen heimzukehren. Hat man sich aber endlich etwa im Oktober hingelegt, dann kann man um die Mitte Dezember erwachen, vergnügt wahrnehmen, wie finster es noch ist, sich auf die andere Seite legen und weiterschlafen. Welch' eine himmlische Phantasie für einen Großstadtbummler! Von der Zeitungsfrau wird man auch nicht oft geweckt, denn das Blättchen, das freilich auch hier nicht fehlt, erscheint nur alle acht Tage.

Wie die Hammerfester ihre viermonatliche Nacht vorbringen, dafür gibt uns ein Spaziergang durch die kleine Stadt bald Anhaltpunkte genug. An Kirchen-Reichtum übertrifft sie im Verhältnis selbst Rom Und Moskau. Wir zählten vier Kirchen, meist sehr freundliche Holzbauten, mehrere Betsäle besonderer Sekten und trafen Heilsarmee-Offiziere. Auch eine katholische Gemeinde mit eigener Kirche – eine bemerkenswerte Erscheinung im urevangelischen Skandinaven-Norden – finden wir hier. Für etwa 50 bis 60 Katholiken unterhält die in der Verteidigung ihres moralischen Besitzes und in der Fürsorge um alle ihr anvertrauten Seelen so unvergleichliche römische Kirche hier ein Gotteshaus, einen Geistlichen und zwei barmherzige Schwestern. In dem Geistlichen lernten wie mit lebhaftem Interesse einen deutschen Landsmann – Eberwein heißt er und stammt aus Bayern, – kennen, der trotz hervorragender Bildung auf die Welt und ihre Reize, auf Heimat, geselligen Verkehr und alle auch dem Priester erlaubte Lebensfreude verzichtet, um hier oben seinen wenigen, unsteten Gläubigen in Anpassung an ihren engen Gesichtskreis zu predigen und geistlichen Beistand zu leisten. Denn wenn auch die völlig stumpfen, plumpen Gesellen, die uns vielfach begegnen, den russischen Tran-Schiffen oder den nahen Lappen-Kolonien angehören, sonderlich weit ist anscheinend auch Gesichtskreis und Verständnis der eigentlichen Hammerfester nicht. Das konnten wir sehen, als unsere Kapelle an Land geschickt wurde, um die deutsche Flagge am Konsulatsgebäude musikalisch zu grüßen. Der deutsche Konsul Federsen, ein freundliches und bewegliches altes Herrchen mit schneeweißem Haar und frischroten Backen, hatte freilich die Flagge nur über dem wegen des Sonntags geschlossenen Geschäftshause, einem Fell-Magazin, aufgezogen, ließ sie aber auch schnell über seiner Villa emporflattern, als er erfuhr, man bemerke das Fehlen mit Missbehagen. Der preußischen Volkshymne folgte ein Hoch auf unseren Kaiser, der norwegischen Hymne ein von einem Herrn aus unserer Gesellschaft ausgebrachtes „Hoch" auf König Oskar – mehr mit Verwunderung als mit Teilnahme folgten die Einheimischen alle dem. Die Vornehmen der Stadt – darunter charakteristische Konsuls-Typen wie aus den Dramen von Ibsen und Björnson gehoben – hielten sich freilich meist hinter den blumengeschmückten Fenstern ihrer Villen, in denen stets ein ruhiges Behagen und zur Winterszeit musikbelebte Geselligkeit blühen soll.

Am späten, aber taghellen Abend nahmen wir Abschied von dem in den hohen, unwirklichen Norden verwehten

Stückchen Kultur – umtummelt und eine Strecke weit begleitet von etlichen Ruderbooten mit Tücher schwenkenden Leuten.

* * *

Heimwärts, südwärts mit Siebenmeilen-Stiefeln! Südwärts, südwärts nach – Tromsø, denn, so belehrt uns ein freundlicher Kollege, der Ort heißt eigentlich Troms-Oe, Troms Insel.

Wir sind in dieser Tran- und Rentier-Metropole immer noch weit, weit höher im Norden als etwa in Petersburg, – und in einem der Breitengrade von Sibirien. Immerhin erfreut doch schon frisches Grün das Auge, zwischen Wald und Feld ist das freundlich anmutende Städtchen gebettet, das Schmeichler, arge Schmeichler, das Paris Norwegens nennen. Wir möchten unsererseits selbst in Zeiten offener Feindseligkeiten Paris nicht das Tromsø Frankreichs heißen. Das Betreten der Stadt ist mit einer empfindlichen Steuer zu bezahlen, welche unserer – Nase auferlegt ist. Ein erstickender, pestilenzialischer Tranduft ist zu passieren, ehe man ins Stadtinnere gelangt, ein Duft, der den tüchtigen Schnupfen als ersehnenswerte, edle Himmelsgelbe erscheinen lässt In den reichlichen, bergan, bergab führenden Straßen des Städtchens selbst verliert sich dieser Geruch ganz.

Hauptanziehung des Ortes ist in diesem Sommer eine Ausstellung zum Jubiläum des hundertjährigen Bestehens von Tromsø – pardon Tromsø,[2] veranstaltet. Unser Weg führt an einer Schaubude vorbei, vor welcher ein Ausrufer zum Besuch einer „elektrischen Dame" einlädt, im schönsten heiseren Berlinisch unserer geliebten Hasenheide.

---

2   Anm. d. Verlags: Im Original liegt hier eine Spielweise mit der Frakturschrift vor: 𝕿𝖗𝖔𝖒𝖋𝖔̈ – 𝕿𝖗𝖔𝖒𝖘𝖔̈

Eine fröhliche Begegnung im hohen Norden!

Kurz vorher waren uns schon in Trondheim einige berlinische Vertreter des unsteten, internationalen Artisten-Völkchens begegnet.

In die Ausstellung, dies sich auf einer weiten, sanften Anhöhe vor der Stadt ausbreitet gelangen wir gegen ein sehr billiges Entrée von 25 Øre. Durch ein lebhaft ornamentiertes Holzportal, das von einem Fischerboot, dem Zeichen der wichtigsten Erwerbsquelle, gekrönt und von Emblemen der einheimischen Industrie flankiert wird, betreten wir den Platz. Das hübsche Hauptgebäude zeigt in geschmackvoller Aufstellung die Ergebnisse der Fischerei, des Eidervogel-Fangs in allen Stadien der Verarbeitung, Pelze, Nationaltrachten, die kleinen Erzeugnisse der Hausindustrie. In einem besonderen Pavillon sind Bilder, in einem zweiten Produkte russischen Kunstgewerbes ausgestellt, in einer offenen Halle ist der Walross- und Walfischfang sowie die Verwertung des Fanges veranschaulicht. Vieh- und Ackergerät-Ausstellung vervollständigen das Bild des eigenartigen Wirtschafts- und Erwerbslebens in dieser entrückten Region.

Der Nachmittag gehört einem Ausflug in ein größeres Lappen-Lager bei Tromsø. Wir lassen uns von etlichen Regenschauern nicht abschrecken und ziehen sogar den Fußweg einer rüttelnden Fahrt auf dem zweirädrigen Wagen oder einem Ritt auf den bereitstehenden, von nachtrabenden Burschen geführten Pferden vor. Ein herrlicher Marsch durch üppigen Wald und duftende Wiesen in kristallreiner, würziger Luft belohnt uns. Sie kennen ja die Lappländer aus der Hagenbeck-Ausstellung. Dort waren freilich echte, aber festlich zurechtgemachte, gewaschene Ballett-Lappen, um nicht zu sagen Wasch-Lappen, zu schauen, hier begegnen uns auf ihrer heimischen Scholle, in aller Ursprünglichkeit, die richtigen Schmutz-Lappen. In ihren kegelförmigen, wie große Maulwurfshügel aus dem Boden ragenden Erdhütten hocken kinderreiche Familien um ein offenes Feuer – durch ein Loch im Dache zieht der Rauch ab. Die Kleinen scheinen sich sehr mollig zu fühlen und behaglicher noch die pfeifenschmauchenden alten Frauen. Draußen halten die Lappen Beutel aus Rentierfell, Schuhe, Messer, kleine Löffel aus Rentierknochen, Rentiergeweihe feil, andere tummeln sich inmitten der stattlichen Rentier-Herde, die Kinder betteln, und alle zeigen, wie vortrefflich sich die Vorliebe für lebhafte, grelle Farben mit der Gewöhnung an starren Schmutz verträgt.

Auf dem Heimweg aber lernten wir den Wert eines milden Regens ganz schätzen. Welch' ein reinlich Element ist doch das Wasser!

* * *

Einige reizvolle Episoden führen nun zum überraschendsten und ergiebigsten Tag der Expedition hinüber. Am Morgen nach dem Aufenthalt in Tromsø zogen wir auf hoher See dicht an vier manövrierenden englischen Kriegsschiffen vorüber. Unser Flaggengruß fand sofort seine Erwiderung, ebenso unser Kanonen-Salut, und die Mannschaft der englischen Schiffe war stramm aufmarschiert, als unsere Kapelle die gemeinsame preußisch-englische Hymne anstimmte. Lange noch blickten wir nach dem englischen Übungsgeschwader zurück, das uns ein immer wieder sich verschiebendes, immer neues und immer gleich fesselndes Bild gewährte.

Der Abend desselben Tages war einer musikalischen Veranstaltung zum Besten der unteren Schiffsmannschaft gewidmet. Die anspruchslose Hauskunst findet selten Gelegenheit, sich so glücklich zu bewähren. Ein schöner Zweck, ein durch Muße und Naturgenuss wohlvorbereitetes, empfängliches Publikum und Künstler, die unter allen in den gegebenen Verhältnissen erreichbaren unstreitig die hervorragendsten find. Herr Regierungsrat Dr. Pieck hatte einen kurzen, stimmungsvollen Prolog gedichtet, den er selbst vortrug; ein Herr, der es Gott sei Dank nicht nötig hat, zeigte sich als Violin-Meister von beachtenswerten Gaben, ein jugendliches Schwesternpaar aus Hamburg steuerte einige mit wohlgeschulten Stimmen und vielem Geschmack vorgetragene Liedchen bei; ein Hamburger Journalist, von dem wir bisher nur wussten, dass er im Rate der ästhetischen Kritik Stimme hat, sang zwei Schumann'sche Lieder, ein Berliner Mann der Feder trug eine kleine Humoreske vor, eine Dame aus dem vornehmsten Berlin W. sang ein reizendes italienisches Lied mit allem Verständnis für seine Eigenart und erntete den lebhaftesten Beifall. Die Kunst, die nicht von Geschäfts- und Berufswegen gepflegt wird, sondern aus inniger Freude an ihren Schöpfungen und aus dem Bestreben, die eigenen Angehörigen und Freunde zu ergötzen, sie feierte einen wahren Triumph in diesem Konzert im engsten Familienkreise der „Augusta-Victoria". Besonders effektvoll war die Schlussnummer des Programms, die Mitteilung, dass die nach freiem Belieben gespendeten Eintrittsgelder die Summe von 1750 Mark ergaben, ein Beitrag, der sich durch Nachträge noch auf 1873 Mark erhöhte.

Am nächsten Morgen, den 25. Juli, hielten wir vor Digermulen, das durch Regen und Wolken kaum zu sehen war. Wie nur ein Tag, der so herrlich verlaufen sollte, so abschreckend beginnen kann. Abwarten? Weiterfahren? Es war fast ein halber Zufall, dass beschlossen wurde, die Partien auf einige Stunden zu verschieben. Noch zeigte der Himmel ein halb weinendes, halb lachendes Gesicht, als wir nach zwölf Uhr die „Hansa" – unser Begleitschiff – bestiegen zu einer

Fahrt durch den Raftsund. Noch umhüllten Nebelschleier die schneebedeckten Höhen, und die Luft schien regenschwanger. Je weiter unser Dampfer aber dahinzog dicht an phantastisch in der tiefblauen Flut sich spiegelnden Höhen, desto klarer und schärfer zeichneten sie sich ab, und just da uns auch das Großartige in seiner vielfachen Wiederholung etwas eintönig zu erscheinen anfing, rollte sich das herrlichste Bild vor uns auf, das wir auf der an überwältigenden Naturschauspielen so reichen Fahrt bisher anstaunen durften. Eng und enger wurde die Wasserstraße, höher klommen zip dunklen Berge himmelan, in glatten Abschleifungen wie in tiefen, wüsten Zerklüftungen Spuren mannigfacher Elementar-Revolutionen aufweisend. Das Wasser aber, azurblau bald und dann wieder smaragdgrün gefärbt, schien unterhalb seiner kristallklaren Fluten geheimnisvolle Zauberreiche zu bergen und von der Schiffsschraube aufgewühlt, wie aus dem Traum von Feenschlössern zu rauschen und zu flüstern. In einer engen Schlucht erreichte unser Weg sackgassenartig sein Ende. Just da wir vor dem breiten Wasserfall, der hier brausend seine zu weißem Schaum geschlagenen, gewaltigen Wassermengen herniedersendet, Kehrt machen wollten, erhob sich ein schwarzer Seeadler hoch, hoch in die Lüfte, kreiste lange majestätisch um unser Schiff, als wollte er uns triumphierend zurufen: „Seht, das ist das Reich, in dem ich König bin."

* * *

Über den steilen, sehr aufgeweichten Weg auf die Digermul-Kollen, den Weg, den unser Kaiser mehrfach zurücklegte, trauten sich nur wenige von uns. Den Ausblick auf das kleine Stückchen Lofoten-Welt, in das Digermulen gestellt ist – gerade das Stückchen Lofoten-Welt, welches das Berliner Nordlands-Panorama veranschaulichte – genoss man ja gutenteils schon von den sanfteren Hügeln. Kleinere Partien der herrlichen Landschaft, in der wir gerade weilen, sind auf der diesjährigen Berliner Kunstausstellung vertreten.

Lebhafter fesselte uns das muntere Volkstum, das wir hier fanden. Der Kaufmann des kleinen Örtchens, zugleich Materialwarenhändler, Inhaber des Modewaren-, Getreide- und Eisengeschäfts, Bankier, Gastwirt und Dorfbeamter – das nie fehlende Telegraphenamt leitet eine Dame – öffnet sein behaglich eingerichtetes, mit Bildern, Klavier und ziemlich modernen Möbeln geschmücktes Haus den Gästen. Die vier deutschen Worte, die er aufbringen kann, rafft er in seinem Eifer zu einem Toast zusammen: „Große Vaterland", „Große Kaiser". Die zierliche und muntere Tochter des Herrn Normann, dies der Name des gastfreien Herrn, der uns mit einer Art Eierpunsch bewirtet, ist in Hamburg erzogen und spricht umso besser Deutsch. Auch an anderen hübschen und vergnügten Norwegerinnen fehlt es nicht, – brachten doch zwei Dampfer zahlreiche Neugierige herbei, die sich die „Augusta-Victoria" und ihre Gäste ansehen wollten.

Ganz besondere Aufmerksamkeit erweckte eine Erscheinung von ungewöhnlicher Schönheit, die siebzehnjährige Tochter eines Fischers aus Digermulen. Die große, in Bauernkleidern steckende Gestalt ist freilich etwas derb, das Gesicht, groß und regelmäßig, ist dagegen von ungewöhnlicher, nahezu klassischer Schönheit. Aus dem weißen Kopftuch quellen krause, glänzend braune Haare weit über die schöngewölbte Stirn hervor, die großen, dunklen Augen blicken mit Glanz und Feuer, doch auch sehr naiv in die Welt hinein, und die feinen Züge des frischen Gesichts geben ein herrliches Profil. Nicht ohne Verwunderung bemerkten die Einwohner von Digermulen das Interesse, welches das dort sonst wenig beachtete junge Mädchen erregte, und nicht ohne Neid sahen sie die reichlichen Brautgeschenke, welche die Passagiere der nordländischen Schönen zusteckten, die mit Händedruck und Knicks sehr verlegen und schüchtern dankte. Brautgeschenke! Die Dorfschöne – ihr Bild wird uns in der Nordlandmappe wohl begegnen, zu deren Herausgabe sich Hans Hopfen und Herr Junghändel, der Schöpfer des Prachtwerkes Ägypten, vereinten – soll mit einem Dorfburschen verlobt sein.

Und dennoch scheint sie zu einer nüchternen Hirten- oder Fischersehe kaum bestimmt. Uns ist's, als sei da Material und Vorspiel für einen bewegten Roman gegeben. Schon der Name der Heldin scheint ihn anzukündigen: Albertine Albertsen.

Die große Überraschung des Tages sollte uns aber erst nach der von einem Hurra-Austausch zwischen Schiffs- und Landbevölkerung erfolgten Abfahrt begegnen: Aus den Bergen hervor, die sie uns bislang verbargen, tauchte um halb elf Uhr nachts in strahlender Pracht die Sonne hervor – ein Stück Mitternachtssonne! Kurz darauf brachte uns dieselbe Nacht noch eine zweite Überraschung. In ungeheuren Säulen stiegen Nebel aus dem Meere und bildeten, von den Strahlen der Sonne getroffen, einen ungeheuren Nebel-Regenbogen über dem Wasser.

* * *

Die nördlichste Handels-Großstadt, Bergen, das wir auf der Reise nach dem Kap nur flüchtig berührt haben, ist auf der Heimfahrt unsere letzte Nordland-Station. Anderthalb Tage verweilen wir da. „Viel zu viel", „Viel zu lange" jammerten alle, eh wir hier eintrafen, „Viel zu kurz!" klagten sie nun, da es zum Scheiden geht. Heute erst, im blinkenden Sonnenglanze, können wir dieses Bergen würdigen, das, aus sägeförmig ins Meer hineinstechenden Landzungen gebildet, so malerisch daliegt, zu Häupten die bewaldeten Berge, zu Füßen die tiefblaue Flut. – Erst auf einer Umfahrt um die Stadt über jene Höhen, die sie umkränzen, lernen wir sie in ihrer ganzen Eigenart kennen. Wie friedlich sie daliegt, die ehemalige Residenz, die dereinst in einem kleinen Kapitel der Stadtgeschichte mehr Mord und Totschlag, Verrat, Überfall, Plünderung aufzählte, als drei grausame Tragödiendichter verbrauchen könnten. Wie sie sich ausdehnt, dass man sie auf hoch über ihre 55 000 Einwohner schätzen möchte, wie fröhlich ihre roten Dächer in der Abendsonne leuchten! Von wie vieler Lebenslust und Lebenskunst, von welch solidem Reichtum die oft schlossartigen Villen zeugen, die mit ihren Parks den von Festungswerken a.D. flankierten Ort garnieren.

In der Stadt selbst wird unsere Aufmerksamkeit auf Schritt und Tritt gefesselt. Der Fischmarkt, von dem Frauen für wenig Øre einen Korb voller Fische holen und Männer auf dem Rücken schwere Seeungeheuer heimtragen, die hübsche Börse, die lärmendste und verkehrsreichste in Norwegen, mit dem Denkmal des Dichters Holberg als eigenartigem Schmuck, die öffentlichen Fernsprechautomaten an den Straßenecken nehmen unser Interesse in Anspruch. Das schöne Postgebäude mit einer dem Publikum gewidmeten Halle erregt vollends den Neid des deutschen Besuchers. Schreibtische und bequeme Stühle, vortreffliches Schreibzeug mit Falz-Vorrichtung und Briefaufschneider, Markenschwämmchen, Briefwaagen sind hier dem öffentlichen Gebrauch übergeben. An den Schaltern walten Damen ihres Amtes, und auf Frauen-Sorgfalt lässt die Sauberkeit, lässt die Mull-Umhüllung der schönen Beleuchtungskörper schließen, die hier im Sommer Schonzeit haben.

Den Abend verbringen wir im Stadtgarten, in dem sich bei trefflicher Musik die Einwohner der Stadt in fröhlichem Gewimmel zusammenfinden, und im benachbarten eleganten Grand Café. Eine milde, italienische Nacht! Und nun geht's heimwärts, heimwärts im Geschwind-Schritt!

Ein Tag noch und der Nordlandtraum ist entschwunden. Mit verdoppelter Innigkeit klammern sich die Blicke an die Bergriesen und Wasserfälle, und dem Dank für die Herrlichkeiten alle, durch die uns die „Augusta-Victoria" unter so vielen Annehmlichkeiten geführt, gibt beim vorletzten Diner General-Intendant Dr. Bürklin, der Vizepräsident unseres Reichstags, in einem herzlichen Trinkspruch auf den Chef der Hamburger Packetfahrt-Gesellschaft, den Direktor Albert Ballin, Ausdruck. Die Dankempfindung für diesen eigentlichen Schöpfer der Nordlandfahrt und Virtuosen der Gastlichkeit drückte sich auch in einer Adresse aus, die sich schnell mit Unterschriften bedeckte und die Herr Dr. Bürklin ebenfalls überreichte.

Ein wertvolles Andenken an die so sehr geglückte, unvergessliche Fahrt wurde auch dem Kapitän Kaempff von den Passagieren gewidmet, in deren Namen es ihm Herr Dir. Rosatzin mit einer Ansprache überreichte.

Indes stürmt unser prächtiges Schiff mit über dreißig Kilometern Geschwindigkeit de Heimat zu. Vorbei geht's noch rasch am Folgefond, dessen ungeheures Schnee- und Eisgebiet größer ist als das aller schweizerischen Berge und Gletscher zusammen, vorbei an Haugesund, und nun sind wir wieder in der Nordsee, dem „deutschen Meere". Noch eine letzte Station, einige fröhliche Stunden in Helgoland, und dann brechen wir auf nach Hamburg, in das wir mit der hohen Elbflut einziehen unter dem Jubel vieler, vieler Tausende. Von Blankenese bis Hamburg ein langer Triumphzug unter Hochs Und Hurras. Und nun ist's vorbei – zu Ende die Reise durch die Herrlichkeiten und Wunder des Nordens, verrauscht der berückendste Traum.

VII.

Vorbei, vorbei der Triumphzug durch die Wunder der arktischen Welt. Vorüber die herrliche Fahrt durch die Nord-
lands-Fjords, zu Ende die große Revue über die wehen-
den – Taschentücher der norwegischen Küstenstriche!
Eine kurze Muße noch im sächsischen Norwegen, um der
Erinnerung an die norwegische Schweiz nachzuhängen –
an geschmacklose und unpassende Verbindungen ist ja
der Name der Eidgenossenschaft schon von der holsteini-
schen, polnischen Schweiz her gewöhnt, warum sollte ihm
nicht einmal eine vernünftige und ehrenvolle zuteilwer-
den – eine kurze Muße noch für einige kleine Nachträge,
dann haben die nüchternen Alltagsgeschäfte uns wieder!
Und wie waren wir so weit ab von aller Nüchternheit auf
der eben vollendeten Nordlandfahrt, bei der wir in der
„Augusta-Victoria" eine viel bewunderte deutsche Sehenswürdigkeit durch Norwegen spazieren führten. Empfing
doch unser Schiff in allen Städten, in denen es Halt machte,
mehr staunende norwegische Gäste, als es deutsche und
amerikanische ins Land schickte. Zu Ende die große, über
3 500 Seemeilen, 6 500 Kilometer umfassende Reise durch
das nordische Gewässer. Zu Ende die Fahrt durch das
Sommergebiet der Sonne, durch das Reich, in dem unsere
Musik-Kapelle, die jede Stadt erst höflich mit der norwegischen Hymne grüßte, dann meist mit der preußischen ihre

Visitenkarte abgab, so viel flüchtige deutsch-norwegische Intimitäten angebahnt hat.

In den sächsischen Bergen muss ich noch immer wieder der norwegischen gedenken und der munteren Scharen, die sich zwischen ihnen getummelt. Ich muss aber auch noch einmal zu ihnen zurückkehren. Über der Reise hätte ich nämlich fast das Reisen vergessen, über der Schilderung der einen Fahrt die interessante Erscheinung: Die neue Form des Reisens, die sich da einbürgern zu wollen scheint!

Wenn man sonst das Reisen genussreich nannte, stärkend, anziehend, so hat man selbstverständlich das Kennenlernen fremder Länder und Völker, fremder Natur und Kultur darunter verstanden. Das F a h r e n an sich ist von je mit Belästigungen und Beschwerden verbunden gewesen. Auch wer unter den bequemsten und angenehmsten Verhältnissen durch die Welt zu ziehen vermochte, musste immer noch auf viel liebe Gewohnheiten verzichten, alle Unbequemlichkeiten des steten Hotelwechsels, alle Beschwerden der unregelmäßigen Lebensweise ertragen, sich bald schütteln lassen durch unbequeme Wagen, dann wieder spät schlafen gehen, ungewöhnlich früh aufstehen, zwischendurch aber täglich anders und oftmals schlecht speisen, alles weil die Reise es einmal erforderte.

Und nun mit einem Male ist im Gegenteil unter allen Reise-Annehmlichkeiten das R e i s e n s e l b s t eine der hervorragendsten!

Das gilt natürlich nicht etwa vom Reisen zu Lande. Ach nein! Die schönen Hoffnungen, die in dieser Richtung einmal in die Halme schossen, wie sind sie verhagelt! Da haben wir seit über einem Jahrzehnt immer nur Rückschritte zu verzeichnen. Umso erstaunlicher ist die Entwicklung, welche das Reisen zur See neuerdings genommen hat.

Man kennt die absonderliche Forderung jenes jungen Gelehrten, der Kriegsdienste leisten sollte.

„Warum muss ich denn ins Feld ziehen?"

„Weil Krieg ausgebrochen ist und der Staat bei der Übermacht des Feindes alle Kräfte heranzieht."

„Wie viel feindliche Soldaten kommen auf jeden von uns?"

„Zwei vielleicht."

„Nun, so schickt mir die auf mich entfallenden zwei Feinde nach Hause. Ich will sie hier totschießen und dann in Ruhe weiter studieren!"

In Bezug auf das Reisen ist jene Sonderlingsforderung einfach erfüllt. Die Fremde wird uns in all ihrer Wirklichkeit förmlich ins Haus geliefert. Den Krieg mit den mannigfachen Beschwerlichkeiten der Reise kann man jetzt im vollsten Behagen des eigenen luxuriösen Heims führen. Höchstens das eine Kriegserfordernis ist nicht ganz zu entbehren, das Montecuccoli freilich in die erste Reihe stellte, man kennt ja die berühmten drei G …

Mit welchen Beschwerden war ehedem eine Fahrt durch die Erhabenheit der norwegischen Gebirgswelt verbunden! Und wie anders durften wir nun dies Land durchstreifen! In heiterer, angeregter und anregender Gesellschaft, nach einem trefflichen Frühstück oder Diner, einen köstlichen Mocca schlürfend, stand, saß oder lag man da auf die bequemen Chaiselongue artigen Schiffsstühle ausgestreckt auf Deck und ließ die Bergriesen mit den blauschimmernden Gletscherkappen, die weißen Schneefelder, die brausenden, im Sonnenlichte glitzernden Wasserfälle langsam an sich vorbeiziehen. Dass man selbst reiste, merkte man bei dem auch in der vollsten Fahrgeschwindigkeit ruhig dahingleitenden Hamburgischen Doppel-Schrauben-dampfer kaum.

Es ist wahr. Für eine gründlichere Erforschung des Landes, seines Volkstums, seiner Sitten und Bräuche ist diese angenehme Art des Vorbeispazierens in der eigenen, mitgebrachten Gesellschaft kaum so ganz geeignet. Es wird sogar Leute geben, welche die Dornen an der Rose und die Strapazen an der Reise durchaus nicht vermissen möchten. Die Opfer an Behagen gehören für sie zur Reise-Illusion. Dem weitaus größten Teil der Vergnügungsreisenden aber ist mit der Gelegenheit, die Natur eines Landes sowie seine hervorragendsten Schönheiten persönlich kennen zu lernen, die fremden Städte zu besichtigen, durch ihre Merkwürdigkeiten geführt zu werden, vollauf Genüge getan. Wenn sie im wohligen Behagen Städte und Länder sehen, dann können sie, wie der berühmte Ungar der Anekdote, „jede Strapaze entbehren". Es ist allerdings nicht zu verkennen – die gesellschaftlichen Annehmlichkeiten einer solchen Reise bergen eine gewisse Gefahr für ihren Ertrag. Wie leicht kann man an der internationalen und amüsanten Reisegesellschaft so viel Gefallen finden, dass man dabei das Interesse an der fremden Völkerschaft verliert, deren Land man gerade durchstreift. Wie leicht kann die Fülle und der rasche Wechsel der vorbeiziehenden Herrlichkeiten so abstumpfend wirken, dass man etwa bei einer Reise um die Welt sich schließlich gar nicht mehr vom Frühstück erhebt, wenn es gilt, Lissabon zu sehen, oder um Neapels willen sein Nachmittagsschläfchen nicht aufgibt. Indes – wem es wirklich ernst ist mit einer tüchtigen Reise-Ausbeute, der findet auch auf solch einer bequemen Fahrt und bei der reichlichen Muße zu tüchtigen Ausflügen ins Land, die sie fast täglich gewährt, vollauf die Muße, das fremde Gebiet, seine Natur und selbst sein Volkstum eingehend zu studieren. Zu den Pedanten der Fahrt, die nichts aufgeben, was Bädeker verzeichnet, habe ich keineswegs gehört,

und dennoch fand ich überall die Gelegenheit, die blitz-
blanken, freundlich ausgestatteten Wohnungen der norwegischen Landleute kennen zu lernen, die Landesküche, die
Gasthöfe, die Geschäfte, die Leute und ihre Eigenart. Den
Wert einer guten, fröhlichen Reisegesellschaft aber wird
selbst der eifrigste, nur auf das Studium erpichte Reise-Fa-
natiker nicht verkennen. Besonders wenn man mit dieser
Gesellschaft wochenlang zusammenleben, Freuden und
Leiden teilen soll.

Sehen wir uns noch einmal um in dieser Gesellschaft,
nun wir sie genauer kennen, und beobachten wir sie in
ihrem Verhältnis zur Reise. Als eine anziehende und interessante bezeichneten wir sie auf den ersten Blick. Der erste
Eindruck ist der richtige – diese alte Wahrheit haben wir
noch selten so vollkommen bestätigt gefunden. Ein hier
umgehendes Scherzwort sagt sehr mit Recht: „Die ‚Augusta-Victoria‘ fährt neunzehn Knoten in der Stunde und
doch in drei Wochen nicht einen einzigen.“

Den Mittelpunkt der Gesellschaft bildet der Hauswirt
auf unserem meerdurchziehenden Musterhotel. Dieser Wirt ist sonst naturgemäß der Kapitän. Diesmal aber
führen wir ja den Chef der Amerika-Linie unserer Hamburg-Amerikanischen Packetfahrt, den Organisator der
Nordlandfahrt, Direktor Ballin an Bord, und so ist denn
er die Seele des Ganzen.

Der kaufmännische Leiter ist gewöhnlich kein gefei-
erter und verhätschelter Gast in einem großen Betriebe.
Der geschäftsführende Direktor speilt sonst in seiner Fab-
rik meist die Rolle eines Kriegsrates vom grünen Tisch
inmitten der operierenden Armee; er ist eine Art Questen-
berg in Wallensteins Heereslager. Umso angenehmer
fällt die dominierende Stellung auf, die, wie ganz naturgemäß, ohne dass sie erst beansprucht zu werden brauchte,

dem Direktor Ballin hier so selbstverständlich zufällt. Er ist nicht bloß den Gästen gegenüber der aufmerksame Wirt, der liebenswürdige, mit seiner Fürsorge allgegenwärtige Gastgeber auf dem Schiffsball, der Erste auf der Schiffstreppe, wenn es gilt, die Passagiere in den Barkassen an Land zu befördern, man ist gewöhnt, in ihm auch den Urheber aller Reisedispositionen zu sehen. Kapitän Kaempff, die imponierende Erscheinung unseres Schiffskommandanten, ist bestrebt, ganz hinter seinem Direktor zurückzutreten, der aber seinerseits keine Gelegenheit versäumt, immer wieder auf den Kapitän hinzuweisen. Es war Schwung und Herzlichkeit zugleich in dem Trinkspruch, mit dem der redegewandte Direktor Ballin einmal in der fröhlichen Tafelrunde, die sich allnächtlich bei Whisky, schwedischem Punsch und Bowle im Saale der zweiten Kajüte zusammenfindet, dem Kapitän ein Hoch ausbrachte. Mit frohem Eifer fand sich schnell eine Deputation zusammen, die hinaufzog in die kühle, taghelle Nacht, um dem Kapitän die Huldigung der Gesellschaft zu übermitteln, die da so sorglos heiter kneipen, plaudern, gelegentlich wohl auch ausgelassen tollen und singen konnte, weil droben der Kapitän ernst für sie wachte und das Fahrzeug sicher durch Wind und Wellen leitete.

Eine besondere Gruppe bildeten vom ersten Tage an die Stammgäste der „Augusta-Victoria", diejenigen, die bereits eine der Orientreisen mitgemacht und hier ein frohes Wiedersehen gefeiert hatten. Zu diesen gehörte ein allzeit vergnügter, rheinländisch-heiterer Inhaber einer hervorragenden Weinfirma, ein jovialer Fabrikant, der in seiner Erscheinung wie eine Mischung – in der Cocktail-Atmosphäre unseres „Rauchsalons" musste man doch immer wieder an Mischungen denken – von Stinde und Lindau aussah. Eine besonders respektierte Kolonie im

schwimmenden deutschen Staatswesen bildete Amerika.
Die 66 Amerikaner, die mit der „Augusta-Victoria" schon
von New-York nach Hamburg herübergekommen waren,
um sich an der Nordlandfahrt zu beteiligen, bildeten lange
eine durch Sprache, Gewohnheiten, Interessen-Gemein-
schaft gesonderte Gruppe. Obwohl sie nur den vierten Teil
der Gesellschaft ausmachte, fand sie doch jede Rücksicht.
Alle die Reisedispositionen betreffenden Ansprachen wurden deutsch und englisch gehalten, alle auf die Fahrt, Ausflüge, Tischzeiten bezüglichen Aushänge in beiden Sprachen ausgefertigt. An gebührender Stelle wurden in den
Tischreden der Ausflüge gelegentlich[3] dem Präsidenten
der Vereinigten Staaten Trinksprüche gewidmet – wieder
in deutscher und englischer Sprache. Fast konnte man es
verwunderlich finden, dass nicht die Trompeten-Fanfare,
mit der wir täglich so oft, ach so oft, zu Tische gerufen wurden, auch noch ins Englische übersetzt wurde.

* * *

„Was bedeuten denn die vielen Trompeten-Signale?", so
fragte die Kaiser ein Mitglied unserer Reisegesellschaft, bei
dem sie sich nach dem ihren Namen führenden Doppel-
schrauben-Dampfer erkundigte, der zu Bergen lange neben
der „Hohenzollern" lag.

„Sie verkünden die Tischzeit, Majestät."

„Wird denn so oft gegessen auf Ihrem Schiffe?", fragte
die Kaiserin.

„Ach ja, Majestät", soll seufzend der Gefragte geant-
wortet haben. „Um acht Uhr wird zum ersten Frühstück
geblasen, um halb ein Uhr zum Lunch, um sechs Uhr zum

---

3   Anm. d. Verlags: Im Original steht an dieser Stelle: „in den Tischreden
     gelegentlich der Ausflüge des Präsidenten".

Diner und um neun Uhr zum Tee. Jedes Signal ertönt zum ersten Male etwa fünfzehn Minuten vor der Mahlzeit, wird an vier Punkten des weiten Fahrzeuges gegeben und nach etwa zehn Minuten wiederholt." Wie man sich auf unserem Schiffe erzählte, soll auch eine kleine Sammlung unserer täglich in der Schiffsdruckerei hergestellten, mit bunten Ansichten der Landschaften, durch die wir gerade zogen, geschmückten Menus auf die „Hohenzollern" gebracht worden sein.

Um die vielen festgeschraubten Tische herum, an denen in allen luxuriösen Salons des Schiffes gespeist wurde, bildeten sich besondere intime Gesellschaftsgruppen, deren gelegentliche Änderung und Verschiebung für das Leben auf dem Schiffe sehr bezeichnend war. Die scherzhafte Verkündung in der ersten Nummer unserer Schiffszeitung, die Druckerei erbiete sich zur Herstellung von Visitenkarten – und Verlobungsanzeigen, soll in einem Falle ganz Bedeutung gewonnen haben.

Annäherungen, zu Wasser gemacht, werden meist auch zu Wasser; unsere Lust-Reise, von den sonstigen geschäftsmäßigen Ozeanfahrten der Hamburger-Amerikanischen Dampfer durch Stimmung, Dauer, Gesellschaftsmischung, Schiffsordnung so verschieden, machte auch darin eine Ausnahme von der Regel. Mit sich steigerndem Interesse konnte man in den drei Wochen der Reise das Entstehen, Wachsen und Gedeihen der deutsch-amerikanischen Beziehungen verfolgen. Zunächst zwischen Jung-Deutschland und Jung-Amerika bei Tanz und Spiel geknüpft – und wie entzückend die jungen Amerikanerinnen tanzten, wie leicht, graziös und munter, wie heiter sie in Spiel und Konversation sein konnten! – zogen sie schließlich auch die Reiferen in ihren Kreis. Es war der richtige Ausdruck der gesellschaftlichen Beziehungen, als am Tage des Scheidens eines der angesehensten Mitglieder der amerikanischen Kolonie, Judge Harrison, sich erhob, um in einem englischen Trinkspruch auf die Hamburg-Amerikanische Packetfahrt-Gesellschaft zugleich der hohen Achtung und Sympathie für Deutschland und sein Volk Worte zu leihen, das verwandte Volk, von dem das amerikanische sich höchstens hie und da durch den babylonischen Turm und sein Erbteil, die Sprachverwirrung, geschieden, aber nicht getrennt fühle. Direktor John Meyer, der zweite Leiter der Hamburg-Amerikanischen Packetfahrt, der uns bis vor Cuxhaven entgegengereist war – ein trefflicher Sprecher und ein trefflicherer Erzähler, antwortete im flottesten Englisch mit einem enthusiastisch aufgenommenen Hoch auf die Amerikaner.

Die in dreiwöchentlicher, nicht durch die leisesten Regungen irgendwelcher Seekrankheit getrübte Meerfahrt, in 21 fröhlichen Festtagen angeknüpften persönlichen Beziehungen konnten gar wohl dem Interesse für das durchreiste Land gefährlich werden. Gefährlicher noch die Tafelfreuden und die Anziehung der trefflichen Packetfahrt-Weine, die unsere flinken und aufmerksamen Stewards, wahre Kellner-Ideale, auf die mit Bleistift ausgefertigten Bestell-Formulare hin – mit Rechnen und Zahlen wird man erst bei Abschluss der Reise befasst, – bringen.

Indiskretionen von unserer Reise verbieten sich natürlich, und so sei eine charakteristische Anekdote von einer der Orientfahrten der Hamburg-Amerikanischen Linie wiedergegeben.

„Wir hatten einen gemütlichen Reisegefährten, Schulze …" „Die Geschichte fängt schon unwahrscheinlich an!", unterbrach einer aus der Gesellschaft. „Ist aber durchaus richtig", fuhr der Erzähler, einer der Stammgäste der Lustfahrten, fort. „Eines Abends – wir waren vor Gibraltar – sagte ich ihm: „Stehen Sie morgen früh auf, Sie versäumen sonst das Schönste auf der Reise." – „Ich, versäumen?", antwortete er. „Ich wette mit Ihnen, dass ich noch um elf Uhr mein Frühstück bekomme …"

Auf unserem Schiffe äußerte sich die Wirkung der anziehenden und – abziehenden Geselligkeit darin, dass die kleine Armee von Moment-Photographen weit mehr auf Szenen vom Schiff, auf das liebenswürdig heitere, ältere Fräulein, auf die süßholzraspelnden Galans Jagd machte als auf landschaftliche Ausnahmen. Gerade in Norwegens gigantischen Landschaftsbildern aber zeigte sich die Eigenart unserer Reise am merkwürdigsten.

Zur Großartigkeit von Norwegens Natur passt ihre Einsamkeit. Hier mischt sich noch keine Trinkgeld-Atmosphäre in die kristallreine Bergluft. Der offenen Hand, mit der die Natur ihre Gaben ausstreut, entspricht hier noch nicht die hohle Hand als Wappen der „Kultur". „Die Gletscher sind noch nicht abgeguckt", meinte ein Berliner Reisegefährte. Nein, diese grauen, himmelanstarrenden Granitmassen sind nicht als „Sehenswürdigkeiten" aufgetürmt. Diese Berge putzen sich nicht gefallsüchtig mit weißen Schneehauben der Fremden wegen. Diese tausendfarbigen Wasserfälle, die sich bald wie schmale, seidenglitzernde Bänder die Höhen hinabrollen, bald ihre Wassermassen schäumend in freier Luft zu Tal senden, dass sie der Sonne gegenüber langandauernde Regenbogen bilden, sie sind nicht der Trinkgeldspender wegen da. Die sonst so gastliche Natur hat hier, im Toilettenzimmer der Sonne, die da für ihre Tagesreisen sich rüstet und von ihren Tagesreisen ruht, den Tisch nicht für die M e n s c h e n gedeckt. Trotzdem hat ein trotzig Geschlecht Besitz genommen von dieser kahlen, unwirtlichen Erdregion, die Mutter Natur sich vorbehalten zu haben scheint. Die nackten, schnee- und eisüberstreuten Berge, die kahlen Felsenkuppen, auf denen weder Gras noch Getreidehalm gedeiht und nur selten ein dürftig Bäumlein Schatten spendet, sie muten uns an wie der Stammsitz der unendlichen Einsamkeit und Stille. Und just musste es nun eine Armee von 270 Neugierigen, ein lärmendes, musikbegleitetes Volk von Neugierigen sein, das da in die erhabene Stille, in das Heim des majestätischen Schweigens einbrach. Der Gegensatz dieser rasch vorüberlärmenden Augenblicksgeschöpfe lässt die Gewalt jener ureigenen, kaum in Jahrtausenden leis sich wandelnden Natur umso mächtiger auf und wirken.

Die kleinen, meist recht kleinen Städtchen, die in s e h r weiten Abständen, durch keinerlei Dörfer oder Ansiedlungen verbunden, zwischen Gebirgszug und Meer sich klemmen, haben freilich nichts von der Fremden-Missachtung, welche die Natur hier zur Schau trägt. Die leidige Fremden-Industrie, die sich so gern als hässlicher Fleck an die schönsten Gegenden heftet, hat sich hier recht schnell angesiedelt. In den Läden versteht man sich auf Fremden-Preise, und mancher Reisende hat vielleicht gleich mir die Entdeckung gemacht, dass irgendwo an den gekauften Gegenständen ein Preis vermerkt ist, weit niedriger als derjenige, der ihm abgefordert wurde und den er im Vertrauen auf die „festen Preise" bezahlte. Auch die Bettelei entwickelt sich schon ganz hübsch – zum Glück hält sie nicht auch auf feste Preise. „En Schilling", bat wimmernd ein kleiner Junge in Naes. Ich gab ihm bloß 25 Øre, er war auch damit zufrieden und bedankte sich, wie alle kleinen Bettlerchen der nordischen Küstengegend, mit einem biederen Händedruck. Im Interesse des Landes selbst sollten übrigens die Reisenden in Norwegen der Inkulanz der Geschäfte, dem Bettel und dem Überwuchern der Fremden-Industrie den Grundsatz entgegenstellen: Nur „dem

Verdienste seine Kronen" und – verzeihen Sie das harte Wort – „Øre, wem Øre gebührt".

Die kleinen Schönheitsfehler mindern indes nicht im Geringsten den Zauber des Landes und am allerwenigsten den der Fahrt.

Es fehlt auch in unserer Reisegesellschaft nicht an Leuten, denen Apoll der Klagelieder süßen Mund geschenkt und die von sich rühmen dürfen: Wenn sonst der Mensch in seinem Entzücken verstummt, gab mir ein Gott, zu sagen, was ich leide. Dennoch haben wir alle, auch diejenigen, welche in der Sonne nur die Flecken suchen, die Nordlandfahrt wie eine Zeit des Glücks, des edelsten Genusses, beendet. Wir denken an sie zurück mit dem Vorsatz, das Land der Mitternachtssonne wiederzusehen. Mit dem Vorsatz oder doch mit dem innigen, innigen Wunsche!